AF607289

POESÍA LÍRICA

JOHN MILTON

POESÍA LÍRICA

Edición de Rafael Lobarte Fontecha

VISOR LIBROS

VOLUMEN MCCCIV DE LA COLECCIÓN VISOR DE POESÍA

Cubierta: Giovanni Battista Cipriani. *John Milton*, 1760

Isaac Peral, 18 - 28015 Madrid
www.visor-libros.com

ISBN: 979-13-87745-34-9
Depósito Legal: M-5647-2026

Impreso en España - Printed in Spain
Gráficas Muriel. C/ Investigación, n.º 9. P. I. Los Olivos - 28906 Getafe (Madrid)

PRÓLOGO

JOHN MILTON

Perteneciente a una familia de cierto acomodo, John Milton (1608-1674) cursó sus estudios en la universidad de Cambridge, donde se formó como un auténtico humanista en pleno Barroco. Con posterioridad, tras no decidirse a ejercer el oficio de clérigo, realizó un viaje que lo llevó a Italia, cuya lengua admiraba y en la que escribió varias composiciones. A su vuelta, ya en torno a la treintena, comenzó a trabajar como una especie de profesor privado. A este período pertenece la mayor parte de sus poemas líricos más significativos, entre los que cabe destacar: «A la mañana del nacimiento de Cristo» (1629), el díptico «*L'Allegro*» e «*Il Penseroso*» (1631), «*Comus*» (1634), una pieza dramática que contiene varias canciones cuya música fue compuesta por Henry Lawes, y, sobre todo, «Lícidas» (1638), elegía pastoril escrita a la memoria de Edward King, condiscípulo de Milton, que murió en un naufragio en el mar de Irlanda.

Con la revolución inglesa de 1642, pronto detentó un importante cargo público, que lo llevó a escribir panfletos y textos doctrinales. En este aspecto, Milton fue un heterodoxo. Si en un principio se alineó con los presbiterianos en contra de la Iglesia Anglicana, con posterioridad se hizo un acérrimo enemigo de aquellos. Formó parte de los *Independents*, abogando por la libertad, una libertad, sobre todo, de conciencia. En el terreno político fue un republicano, pero no un demócrata, pues en él predomina, claramente, un pensamiento aristocrático. El núcleo más significativo de sus sonetos pertenece a este periodo.

Desposeído de su puesto con la Restauración (1660), pasó por momentos difíciles, siendo incluso encarcelado. No obstante, es a partir de ahora cuando empieza la redacción de sus grandes obras poéticas. La primera edición de *El paraíso perdido* tuvo lugar en 1667 y la segunda, y ya definitiva, el año de su muerte. Por su parte, *El paraíso recobrado* y la tragedia de temática bíblica *Sansón agonista* fueron publicados en 1671.

Milton se casó tres veces y tuvo tres hijas de su primera esposa, con la que no le fue del todo bien, motivo por el cual se hizo un ferviente defensor del divorcio. A su segunda esposa, en cambio, le dedicó uno de los sonetos más hermosos de la colección. La tercera fue la encargada, a su muerte, de defender su legado.

A LA MAÑANA DEL NACIMIENTO DE CRISTO

Publicado en 1645 en *Poems of Mr. John Milton, both English and Latin, Compos'd at Several Times*, «*On the Morning of Christ's Nativity*» fue compuesto en 1629 y está considerado como el primer poema que su autor escribió en lengua inglesa. Milton lo debió de tener en gran consideración, pues fue el elegido para abrir su compilación de versos.

Se trata de todo un alarde formal por parte de un poeta que, si sobresalió por algo, fue por el empleo del verso blanco. Consta de 31 estrofas, de las cuales, las cuatro primeras operan a modo de introducción y están formadas por siete pentámetros yámbicos con la siguiente disposición de rimas: ABABBCC. El himno propiamente dicho combina en sus estrofas diversos metros yámbicos, y ofrece un esquema de rimas diferente: AABCCBDD.

Poema en el que predominan los aspectos lumínicos y sonoros, los más adecuados, sin duda, al tema que desarrolla, es famoso, no obstante, por su catálogo de los dioses paganos que el nacimiento de Cristo destierra al Infierno, en el que siempre se ha querido ver un claro precedente de los ángeles caídos en *Paradise Lost.*

A SHAKESPEARE

Fue el primer poema que Milton publicó en lengua inglesa, pues los anteriores habían sido escritos en latín. Compuesto en 1630, vio la luz en 1632 de modo anónimo, formando parte de los encomios que acompañaban la edición del segundo volumen de las obras de Shakespeare.

El epigrama es un sentido homenaje al dramaturgo inglés, en el que se manifiesta el alto concepto que tenía Milton del quehacer poético.

AL TRANSPORTISTA DE LA UNIVERSIDAD

Escrito en 1631 y publicado en 1645, *On the University Carrier* no es un poema tan inusual dentro de la producción poética de Milton como podría parecer a primera vista, pues varios de sus sonetos muestran una vena satírica similar. En este caso, nos encontramos ante una especie de epitafio burlesco dirigido a un tal Hobson, personaje que realizaba el transporte entre la universidad de Cambridge y la ciudad de Londres, y que murió en 1630, cuando se desató una epidemia de peste.

L'ALLEGRO E *IL PENSEROSO*

L'Allegro e *Il Penseroso* (1631), dos poemas de cierta extensión, pues cuentan con 152 y 176 versos respectivamente, constituyeron un díptico, del que no existen claros precedentes, ya desde el mismo momento de su publicación en 1645. Para una mejor intelección de los poemas, sus títulos italianos se podrían traducir como «El hombre alegre» y «El hombre melancólico». Ambos ofrecen una serie de argumentos en favor de llevar una vida o bien despreocupada o bien estudiosa y grave. Un hecho a resaltar es que, en las dos piezas, lo que se procura poner en el punto de mira del lector son siempre los placeres, los deleites que depara el correspondiente tipo de vida, que en alguna ocasión aparecen repetidos, a pesar de los más que evidentes e inevitables contrastes.

Desde un punto de vista formal, su estructura es análoga. Tras sendas invocaciones a sus respectivas diosas, Eufrosina y Melancolía, en una primera estrofa que sirve de proemio y cuya disposición de rimas es singular en ambos casos, la argumentación prosigue a través de versos yámbicos pareados hasta el final de la composición.

Pero en estos textos lo importante no es tanto el razonamiento, como la sucesión de una serie de escenas, presentadas en una clara progresión, colmadas de color y de vida. Si en *L'Allegro*, como no podría ser de otro modo, predominan los motivos de índole pastoril, en *Il Penseroso*, que también cuenta con ellos, los temas se podrían calificar de más elevados.

Teniendo como punto de partida, con casi toda probabilidad, el poema de Christopher Marlowe «El pastor apasionado a su amada» (ver apéndice), el díptico ejercerá un notable influjo en los poetas posteriores y, en particular, en los románticos. Muchas piezas breves de John Keats le deben mucho a estos versos de Milton.

AL TIEMPO

Fechable entre 1631 y 1632, y publicado en el volumen de 1645, *On Time* nos ofrece un tema recurrente en Milton (sirva de ejemplo el soneto II). Frente al poder destructivo del tiempo, descrito en el poema con una imaginería bastante cercana a la del Barroco, el poeta opone un concepto de eternidad que se fundamenta en sus profundas creencias religiosas.

CANCIÓN A LA MAÑANA DE MAYO

«Song on May Morning» es una hermosa y breve composición, escrita en 1632 y publicada en 1645. Se trata de una albada de gran vivacidad y repleta de optimismo, que celebra la llegada de la primavera. En ella se advierten motivos de origen grecorromano y un sentido de la naturaleza que nunca es mero cliché, sino la expresión de un sentimiento profundamente arraigado en el alma de John Milton.

LíCIDAS

«Lycidas», poema pastoril de contenido elegíaco, que Milton compuso en 1637, está dedicado a la memoria de Edward King, un clérigo condiscípulo suyo de la universidad de Cambridge, poeta en lengua latina, que murió en un naufragio frente a las costas de Gales.

Fue publicado por primera vez en 1638, junto a otras piezas de autores diversos, en un volumen de homenaje al fallecido titulado: *Justa Edouardo King Naufrago Ab Amicis Moerentibus Amoris & Μνειας Χαριν*. Milton lo reeditó en 1645 formando parte del libro ya referenciado *Poems of Mr. John Milton, both English and Latin, Compos'd at Several Times*, añadiéndole un breve prefacio en prosa.

Detrás de la ficción pastoril, Milton, lo mismo que Virgilio, cuyo modelo sigue de cerca, refleja circunstancias propias de su tiempo, tanto personales como públicas. Por un lado, el profundo afecto que sintió por su amigo muerto prematuramente y, por otro, su denuncia de la situación del clero (los «pastores» de almas) contemporáneo. Ya Virgilio se había atrevido a criticar en sus *Bucólicas* las confiscaciones de tierras que debieron de atañerle como consecuencia de las guerras civiles de finales de la República romana, pero ahora el tono es mucho más agresivo, propio del fuerte temperamento del poeta inglés.

La estructura básica del poema encuentra su modelo en la égloga X del poeta latino. El sentimiento de amistad es en las dos piezas la fuerza motriz, pero en Virgilio la piedad hacia Galo deriva de unos amores desgraciados, en tanto que en Milton la causa es la injusta e incomprensible muerte de Edward King. En ambas se produce un desfile de personajes que tratan de ayudar a superar el dolor. En Milton, ninguno de ellos parece ser capaz ni siquiera de entender lo acontecido. Especial importancia adquiere la figura del «pastor galileo», es decir, San Pedro, pues de su boca, al modo de los profetas del Antiguo Testamento, y de numerosos personajes de la *Divina Comedia* de Dante, surgirá la fuerte censura contra los clérigos ingleses de la época.

Pero es precisamente tras esta diatriba, cuando el idilio alcanza uno de sus puntos culminantes, pues es entonces el momento elegido por Milton para describir, con un sentido admirable del paisaje y de la naturaleza, el lugar donde se ha de levantar el féretro del difunto, incrustado en un espléndido mosaico floral. Pero enseguida surge, de nuevo, el desengaño: el cuerpo del amigo anda a la deriva y poder honrar sus restos es tan solo una entelequia.

No obstante, el poema no se cierra a la esperanza. El joven poeta muerto termina transformado en genio tutelar de las costas donde se produjo el naufragio. Si bien esta apoteosis, lo mismo que el tema luctuoso en un ambiente pastoril, tiene su precedente virgiliano (esta vez es la bucólica V la que sirve de modelo), Milton era un ferviente cristiano, y fue su fe, con toda certeza, la que le proporcionó los medios de superar todas las dudas y el escepticismo que impera en gran parte de la composición. De hecho, la voz del zagal que ha ido entonando los versos pastoriles a lo largo de la pieza, al final da paso a una segunda voz que plantea un recomenzar que ha sido siempre objeto de elogio.

Poema elegíaco, pastoril y alegórico, pagano y cristiano, «Lícidas» es, sobre todo, una obra extraordinaria de poesía, que incluye versos de una gran musicalidad y maestría; un muestrario de delicados sentimientos, nunca exentos de vigor y de fuerza. Y es que detrás del escenario un tanto artificioso, pero siempre exquisito, del poema, de su compleja estructura, hay mucho de verdad: la sensación de tristeza e impotencia de Milton ante un hecho tan injusto, las dudas respecto a su destino personal como poeta, su hondo malestar ante la situación del clero de su tiempo y, finalmente, su gran esperanza.

Muy admirado en todas las épocas, el influjo de «Lícidas» se ha dejado sentir en otras figuras señeras de la poesía inglesa de la talla de Shelley (cuyo «Adonais» sigue la estela del poema de Milton), o Keats, cuyas descripciones paisajísticas y florales son eco, en muchas ocasiones, del modelo miltoniano.

LOS SONETOS

Diez de los veintitrés sonetos que escribió Milton, fueron publicados en la primera edición de *Poems of Mr. John Milton, etc.*, en 1645. De los trece restantes, compuestos entre 1645 y 1658, nueve aparecieron en la segunda edición del libro citado y los otros cuatro permanecieron inéditos debido a su fuerte cariz político, hasta que Edward Phillips los publicó en 1694.

Un rasgo singular de los sonetos de Milton es que, aunque la mayoría están escritos en inglés, cinco de ellos y una *canzone* fueron redactados en lengua italiana. Los sonetos italianos de Milton, si bien carecen de voz propia y en ellos pueden advertirse ecos de diversas etapas de la poesía transalpina (de Cavalcanti a Torquato Tasso), nos permiten conocer dos elementos importantes de la vida de Milton; por un lado, una pasión amorosa que le sirvió de estímulo en su juventud y, por otro, el profundo amor por una cultura que lo llevó hasta el punto de atreverse a escribir en una lengua que no dominaba. Asimismo, el hecho de incluirlos en la colección, no deja de ser también significativo respecto al aprecio que por ellos sentía.

De los dos tipos de sonetos propios de la tradición en lengua inglesa, el soneto petrarquista y el shakespeariano, Milton solo mostró interés por este último en cuatro ocasiones.

El soneto petrarquista es de una mayor complejidad. Muestra una estructura formal claramente binaria, al constar de dos cuartetos con idénticas rimas y dos tercetos cuyas rimas ofrecen una mayor variedad. El shakespeariano (que, no obstante su nombre, tiene precedentes italianos y fue utilizado por otros poetas isabelinos antes que por Shakespeare) está formado por tres cuartetos de rimas diferentes y un pareado final, que funciona a modo de epigrama, truncándose de este modo la armoniosa continuidad de forma y pensamiento propio del soneto canónico.

Los sonetos de Milton son singulares en muchos aspectos. Desde un punto de vista formal, lo más reseñable es que, en más de una ocasión, no respeta las pausas normativas, incluso podemos encontrarlas en mitad de un verso o en una posición inusual dentro de cada estrofa. Si esto es debido a un grado extremo de libertad o a impericia, júzguelo el lector.

En cuanto a su contenido, si bien los sonetos escritos en italiano se pliegan a la temática amorosa tradicional, los redactados en lengua inglesa la rehúyen casi por completo.

Tampoco configuran un cancionero, puesto que cada soneto es una unidad independiente. Tan solo los numerados XI y XII (y el soneto que los sigue —el XII bis de esta edición—) comparten una temática común.

Esto no quiere decir, sin embargo, que la colección carezca de unidad, pero esta habrá de buscarse más en elementos externos, en la vida y el carácter de Milton. En efecto, en todos ellos pueden apreciarse, además de importantes hitos biográficos, los rasgos de la fuerte personalidad de su autor, y conforman una especie de catálogo de sus luchas, fobias, intereses y afectos, de todo lo cual podrá hacerse una idea más concreta el lector interesado a través de las notas que acompañan a la traducción.

En cuanto al estilo, y con la excepción de los sonetos más antiguos, hay asimismo un rechazo de la manera ingeniosa propia de la época isabelina y una búsqueda, por el contrario, de una expresión directa, que se dirija más a los sentimientos que a la mente, por lo que resulta ya plenamente moderna.

LA TRADUCCIÓN

Para la versión al español de los más célebres versos líricos de John Milton, he vuelto a optar por una traducción rítmica, en la que los metros yámbicos ingleses han sido vertidos en alejandrinos y endecasílabos castellanos, y los metros italianos por sus homónimos en lengua española. Por otro lado, se ha procurado en todo momento ceñirse del modo más fiel posible al espíritu y a la letra, un tanto peculiares, del vate inglés.

Los poemas aparecen ordenados cronológicamente, con la sola excepción de los sonetos, que se han colocado en último lugar, siguiendo en cuanto a su disposición, el orden comúnmente establecido.

La traducción viene acompañada de notas en aquellos lugares que me ha parecido necesario para una mejor comprensión de los textos.

Asimismo, y a modo de apéndice, se incluye en esta antología la traducción del poema de Christopher Marlowe «El pastor apasionado a su amada», por su estrecha relación con los poemas *L'Allegro* e *Il Penseroso* de Milton.

Finalmente, querría agradecer a Marisa Lamarca, otra vez de nuevo, su valiosa ayuda en la revisión de este trabajo. *Vale.*

RAFAEL LOBARTE FONTECHA
Zaragoza, 12 de noviembre de 2025

POESÍA LÍRICA

ON THE MORNING OF CHRIST'S NATIVITY

This is the month, and this the happy morn,
Wherein the Son of Heavn's eternal King,
Of wedded Maid, and Virgin Mother born,
Our great redemption from above did bring;
For so the holy sages once did sing,
That he our deadly forfeit should release,
And with his Father work us a perpetual peace.

That glorious Form, that Light unsufferable,
And that far-beaming blaze of Majesty,
Wherewith he wont at Heaven's high council-table,
To sit the midst of Trinal Unity,
He laid aside; and here with us to be,
Forsook the courts of everlasting day,
And chose with us a darksome house of mortal clay.

Say Heavenly Muse, shall not thy sacred vein
Afford a present to the Infant God?
Hast thou no verse, no hymn, or solemn strain,
To welcome him to this his new abode,
Now while the heaven, by the Sun's team untrod,
Hath took no print of the approaching light,
And all the spangled host keep watch in squadrons bright?

A LA MAÑANA DEL NACIMIENTO DE CRISTO

Este es el mes y la feliz mañana,
en que el Hijo del Rey eterno de los cielos,
nacido de doncella casada y madre virgen,
nuestra gran redención trajo de lo alto;
por ello un día así cantaron los profetas,
que nuestra mortal deuda él saldaría
forjando con su Padre paz perpetua.

Esa gloriosa forma, esa luz insufrible,
y esa resplandeciente augusta llamarada
con que a la mesa conciliar del cielo
se sentaba en el centro de la Unidad que es Trina,
depuso, y para estar entre nosotros
abandonó las cortes del día siempre eterno
y nuestra oscura casa eligió hecha de barro.

Di, musa celestial, ¿tu sacro acento
al Niño Dios no le dará un presente?
¿No tienes ningún verso, canción solemne o himno
que a su nueva morada le dé la bienvenida,
ahora, en tanto el cielo, que el sol nunca ha pisado,
no posee aún la huella de la luz que está próxima
y el brillante escuadrón de los astros vigila?

See how from far upon the eastern road
The star-led wisards haste with odours sweet!
O run, prevent them with thy humble ode,
And lay it lowly at his blessèd feet;
Have thou the honour first thy Lord to greet,
And join thy voice unto the angel quire,
From out his secret altar touched with hallowed fire.

It was the winter wild,
While the heaven-born child,
All meanly wrapt in the rude manger lies;
Nature, in awe to him,
Had doffed her gaudy trim,
With her great Master so to sympathize:
It was no season then for her
To wanton with the Sun, her lusty paramour.

Only with speeches fair
She woos the gentle air
To hide her guilty front with innocent snow,
And on her naked shame,
Pollute with sinful blame,
The saintly veil of maiden white to throw,
Confounded, that her Maker's eyes
Should look so near upon her foul deformities.

But he, her fears to cease,
Sent down the meek-eyed Peace:
She, crowned with olive green, came softly sliding

Mira cómo allá lejos, por la senda de oriente,
magos, que un astro guía, ya vienen con aromas.
Corre, adelántate con oda humilde
y depositala a sus pies benditos.
Recibe a tu señor, tú la primera,
y une tu voz a la del coro angélico,
desde su oculto altar que toca un fuego sacro.

Era un terrible invierno
cuando el celeste niño
con míseros pañales en el pesebre yace;
llena de asombro, la naturaleza
se había desnudado de su ostentosa gala,
para así asemejarse a su gran amo.
No era el momento entonces para que ella
con el sol retozara, su lujurioso amante.

Con hermosas palabras
corteja al gentil aire, para que este
con pura nieve oculte la culpa de su frente
y sobre su vergüenza manifiesta,
manchada de pecado,
arroje el santo velo de una blanca doncella,
temiendo que los ojos de aquel que la creara,
vean, tan cerca estando, sus monstruosidades.

Él, para que cesaran sus temores,
hizo que descendiera la Paz de mansos ojos.
Coronada de olivo, se vino deslizándose

Down through the turning sphere,
His ready harbinger,
With turtle wing the amorous clouds dividing;
And waving wide her myrtle wand,
She strikes a universal peace through sea and land.

No war or battel's sound
Was heard the world around;
The idle spear and shield were high uphung;
The hookèd chariot stood
Unstained with hostile blood;
The trumpet spake not to the armèd throng;
And kings sate still with awful eye,
As if they surely knew their sovran Lord was by.

But peaceful was the night
Wherein the Prince of Light
His reign of peace upon the earth began.
The winds with wonder whist,
Smoothly the waters kissed,
Whispering new joys to the mild Ocean,
Who now hath quite forgot to rave,
While birds of calm sit brooding on the charmèd wave.

The stars, with deep amaze,
Stand fix'd in steadfast gaze,
Bending one way their precious influence
And will not take their flight,
For all the morning light,
Or Lucifer that often warned them thence;

a través de la esfera que da vueltas,
como dispuesto heraldo,
    con sus alas de tórtola por el aire amoroso;
y meneando su bastón de mirto
da paz universal a mar y tierra.

Ningún sonido de batalla o guerra
en el mundo se oyó;
    la lanza y el escudo pendieron desde lo alto;
quedó el carro sujeto
sin ya sangre enemiga;
    la trompeta no habló a multitud en armas;
y los reyes sentáronse con mirar temeroso
cual si supiesen al Señor ya cerca.

Una noche pacífica
el Príncipe de luz
    inició su reinado de paz sobre la tierra.
Con estupor los vientos se callaron,
las aguas suavemente daban besos
    y nuevas alegrías murmuran al océano,
que ya había olvidado su locura, en tanto aves
de bonanza empollaban sobre la hechizada ola.

Con un profundo asombro las estrellas
permanecían quietas, inmóvil la mirada,
    enviando su precioso influjo a un punto único;
y no emprendían la huida
a pesar de la luz de la mañana
    o de las advertencias de Lucífero,

But in their glimmering orbs did glow,
Until their Lord himself bespake, and bid them go.

And though the shady gloom
Had given day her room,
The Sun himself withheld his wonted speed,
And hid his head for shame,
As his inferior flame
The new-enlightened world no more should need:
He saw a greater Sun appear
Than his bright throne or burning axle-tree could bear.

The shepherds on the lawn,
Or ere the point of dawn,
Sate simply chatting in a rustic row;
Full little thought they than
That the mighty Pan
Was kindly come to live with them below:
Perhaps their loves, or else their sheep,
Was all that did their silly thoughts so busy keep;

When such music sweet
Their hearts and ears did greet
As never was by mortal finger strook,
Divinely warbled voice
Answering the stringèd noise,
As all their souls in blissful rapture took:
The air, such pleasure loth to lose,
With thousand echoes still prolongs each heavenly close.

sino que fulguraron en sus brillantes órbitas
hasta que el Señor mismo ordenó su partida.

Y aunque la triste sombra
diera lugar al día,
    su velocidad propia el sol retuvo
y ocultó la cabeza de vergüenza,
cual si su menor fuego
    el mundo iluminado no lo necesitara,
ya que vio aparecer un sol más grande
que aguantar no podían su trono o carro ardientes.

Los pastores sentados en el prado,
antes de amanecer,
    hablaban de sus cosas en una hilera rústica.
No sabía ninguno
que el poderoso Pan
    gentilmente venía a vivir junto a ellos.
Puede que sus amores, o tal vez su ganado,
fuera cuanto albergaban sus tontos pensamientos,

cuando tan suave música
llegó a pecho y oído,
    como nunca un mortal dedo tañera,
un divino gorjeo
respondiendo a las cuerdas,
    que les atrapó el alma en un bendito rapto.
No dispuesto a perder un goce tal, el aire
con mil ecos prolonga las cadencias celestes.

Nature, that heard such sound
Beneath the hollow round
    Of Cynthia's seat, the airy region thrilling,
Now was almost won
To think her part was done,
    And that her reign had here its last fulfilling:
She knew such harmony alone
Could hold all Heaven and Earth in happier union.

At last surrounds their sight
A globe of circular light,
    That with long beams the shame-faced Night arrayed;
The helmèd Cherubim
And sworded Seraphim
    Are seen in glittering ranks with wings displayed,
Harping in loud and solemn quire,
With unexpressive notes, to Heav'n's new-born Heir.

Such music (as 'tis said)
Before was never made,
    But when of old the sons of morning sung,
While the Creator great
His constellations set,
    And the well-balanced world on hinges hung,
And cast the dark foundations deep,
And bid the welt'ring waves their oozy channel keep.

Y la Naturaleza, que escuchó tal sonido
debajo del globo hueco
    del asiento de Cintia[1], estremeciendo el éter,
casi llegó a pensar
que su papel había concluido
    y su reinado aquí el cénit alcanzado.
Bien supo que tan solo esa armonía
podía mantener unidos cielo y tierra.

Al fin, ciñó su vista
una luz circular,
    que adornó con sus rayos la avergonzada noche.
Con yelmo el querubín
y espada el serafín,
    en deslumbrantes filas con alas desplegadas,
cantan, como un solemne y alto coro,
con inefables notas al que heredará el cielo.

Tal música (la dicha),
nunca antes fue compuesta,
    salvo cuando los hijos de la aurora cantaron,
mientras el Creador
fijaba las estrellas
    y el mundo, en equilibrio, colgaba de sus goznes,
y establecía negros y profundos cimientos,
y ordenaba a las olas respetar su cauce húmedo.

---

[1] La luna.

Ring out, ye crystal spheres!
Once bless our human ears,
If ye have power to touch our senses so;
And let your silver chime
Move in melodious time;
And let the bass of Heaven's deep organ blow;
And with your ninefold harmony
Make up full consort to th'angelic symphony.

For if such holy song
Enwrap our fancy long,
Time will run back and fetch the Age of Gold,
And speckled Vanity
Will sicken soon and die,
And leprous Sin will melt from earthly mould;
And Hell itself will pass away,
And leave her dolorous mansions to the peering Day.

Yea, Truth and Justice then
Will down return to men,
Orbed in a rainbow; and, like glories wearing,
Mercy will sit between,
Throned in celestial sheen,
With radiant feet the tissued clouds down steering;
And Heaven, as at some festival,
Will open wide the gates of her high palace-hall.

¡Esferas cristalinas,
sonad y bendecid nuestros oídos!,
    (si es que podéis tocar los sentidos humanos)
y que ese son de plata
se mueva melodioso,
    y el órgano profundo de los cielos resople;
y la armonía de vosotras nueve[2]
concuerde con la sinfonía angélica.

Pues si tal himno santo
nuestra imaginación envuelve largo tiempo,
    otra vez volverá la edad de oro,
la Vanidad pecosa
enferma morirá, y el leproso Pecado
    abandonará el molde hecho de tierra;
desaparecerá el Infierno mismo
y su mansión doliente verá el día.

Verdad, Justicia entonces
volverán a los hombres
    ceñidas de arcoíris; y, cubierta de gloria,
la Compasión se sentará entre aquellas
sobre un sitial de resplandor celeste,
    con un radiante pie conduciendo las nubes;
y el cielo, como en fiesta,
las puertas abrirá de su excelso palacio.

---

[2] Las nueve esferas son los nueve cielos de la astronomía clásica y medieval.

But wisest Fate says no:
This must not yet be so;
The Babe lies yet in smiling infancy
That on the bitter cross
Must redeem our loss,
So both himself and us to glorify:
Yet first to those ychained in sleep,
The wakeful trump of doom must thunder through the deep,

With such a horrid clang
As on Mount Sinai rang,
While the red fire and smould'ring clouds outbrake:
The aged Earth, aghast
With terror of that blast,
Shall from the surface to the centre shake,
When at the world's last sessiön,
The dreadful Judge in middle air shall spread his throne.

And then at last our bliss
Full and perfect is,
But now begins: for from this happy day
Th'old Dragon under ground,
In straiter limits bound,
Not half so far casts his usurpèd sway,
And, wroth to see his kingdom fail,
Swinges the scaly horror of his folded tail.

Pero el Hado más sabio dice no,
que no ha de ser ahora;
   aún yace el pequeño como sonriente infante,
quien en la amarga cruz
redimirá la culpa,
   para él glorificarse y así glorificarnos.
Mas antes alzará a los que apresa el sueño
la trompeta del juicio tronando en el abismo,

con un son tan horrible
como aquel que en el monte del Sinaí sonara
   cuando el fuego surgió con las nubes ardientes.
Espantada la tierra, siendo vieja,
ante el terror que cause ese estallido,
   sacudida será de fuera a dentro,
cuando en el tribunal postrero de este mundo
el Juez terrible extienda su trono sobre el aire.

Y entonces, finalmente, nuestra dicha
será plena y perfecta.
   Pero ahora da inicio. Desde ese feliz día,
aquel viejo dragón[3] que habita bajo tierra,
en límites estrechos encerrado,
   no ejerce su poder ni la mitad aun que antes
y, airado al ver que su reino se quiebra,
el escamoso horror menea de su cola.

---

[3] Satanás.

The Oracles are dumb;
No voice or hideous hum
Runs through the archèd roof in words deceiving.
Apollo from his shrine
Can no more divine,
With hollow shriek the steep of Delphos leaving.
No nightly trance, or breathèd spell,
Inspires the pale-eyed priest from the prophetic cell.

The lonely mountains o'er,
And the resounding shore,
A voice of weeping heard and loud lament;
From haunted spring, and dale
Edgèd with poplar pale,
The parting Genius is with sighing sent;
With flow'r-inwoven tresses torn
The Nymphs in twilight shade of tangled thickets mourn.

In consecrated earth,
And on the holy hearth,
The Lars and Lemures moan with midnight plaint;
In urns and altars round,
A drear and dying sound
Affrights the Flamens at their service quaint;
And the chill marble seems to sweat,
While each peculiar power forgoes his wonted seat.

Los oráculos han enmudecido;
ninguna voz, ningún murmullo odioso
atraviesa la bóveda con sus palabras falsas.
Apolo en su santuario
ya no adivina más,
con un hueco chillido deja Delfos;
ningún nocturno trance o exhalado conjuro
inspira al sacerdote en su celda profética.

Los montes solitarios,
la resonante costa
voz de llanto escucharon y un enorme lamento;
las afligidas fuentes y los valles
que los pálidos álamos rodean,
ven partir a su genio suspirando;
deshechas ya las trenzas, que tejían de flores,
las ninfas en arbustos enmarañados sufren.

En tierra consagrada
y sobre el santo hogar,
los lares y los lémures[4] a media noche gimen;
en torno a los altares y las urnas,
un horrible sonido moribundo
amedrenta a los flámenes[5] en su extraña liturgia;
y parece sudar el frío mármol
y cada singular poder deja su asiento.

---

[4] Ambos se relacionan con los espíritus de los antepasados; los primeros en su aspecto positivo y los segundos en el negativo.

[5] Los flámenes eran sacerdotes romanos relacionados con cultos de carácter mistérico.

Peor and Baälim
Forsake their temples dim,
With that twice-battered god of Palestine;
And mooned Ashtaroth,
Heaven's queen and mother both,
Now sits not girt with tapers' holy shine;
The Libyc Hammon shrinks his horn;
In vain the Tyrian maids their wounded Thammuz mourn.

And sullen Moloch, fled,
Hath left in shadows dread
His burning idol all of blackest hue:
In vain with cymbals' ring
They call the grisly king,
In dismal dance about the furnace blue;
The brutish gods of Nile as fast,
Isis and Orus, and the dog Anubis, haste.

Nor is Osiris seen
In Memphian grove or green,
Trampling the unshowered grass with lowings loud;
Nor can he be at rest

Peor y Baalam[6]
se van de sus oscuros santuarios
con el dios[7] palestino golpeado dos veces;
y Astarté[8], la lunada,
reina del cielo y madre,
se sienta sin ceñirse de santa luz de velas;
el libio dios Amón[9] encoge el cuerno;
la tiria sufre en vano por su Tammuz[10] herido.

Y el taciturno Moloch[11]
entre espantosas sombras ha dejado
su ardiente imagen del color más negro:
en vano al son del címbalo
al horrible rey llaman
en torno al horno azul con un danzar sombrío.
Con igual rapidez, toscos dioses del Nilo,
Isis y Horus, y el perro Anubis, huyen.

No se ve ya a Osiris
por los pastos menfitas,
pisando la hierba seca con enormes bramidos;
ni puede reposar

---

[6] Peor es una divinidad maobita y Baal la principal deidad fenicia. Milton toma estos nombres, y los siguientes, de la Biblia y los considera, como en *El Paraíso perdido*, ángeles caídos.

[7] Se refiere a Dagon, antiguo dios filisteo que cayó de bruces dos veces ante el arca de la alianza.

[8] Diosa fenicia de la fecundidad.

[9] Ahora continúa el catálogo con antiguos dioses egipcios.

[10] Dios mesopotámico estrechamente relacionado con el Adonis fenicio.

[11] Divinidad cananita a la que se le ofrendaban sacrificios de niños.

Within his sacred chest,
Naught but profoundest Hell can be his shroud:
In vain, with timbreled anthems dark,
The sable-stolèd sorcerers bear his worshipped ark.

He feels from Juda's land
The dreaded Infant's hand;
The rays of Bethlehem blind his dusky eyn;
Nor all the gods beside
Longer dare abide,
Not Typhon huge ending in snaky twine:
Our Babe, to show his Godhead true,
Can in his swaddling bands control the damned crew.

So, when the Sun in bed,
Curtained with cloudy red,
Pillows his chin upon an orient wave,
The flocking shadows pale
Troop to th'infernal jail,
Each fettered ghost slips to his several grave,
And the yellow-skirted fays
Fly after the night-steeds, leaving their moon-loved maze.

But see! the Virgin blest
Hath laid her Babe to rest:
Time is our tedious song should here have ending.
Heaven's youngest-teemèd star
Hath fixed her polished car,
Her sleeping Lord with handmaid lamp attending;
And all about the courtly stable,
Bright-harnessed Angels sit in order serviceable.

en su sagrado cofre:
    solo el más hondo infierno puede ser su mortaja.
Con oscuro himno en vano, al son de panderetas,
hechiceras de negro su santo arcón transportan.

Siente, desde las tierras de Judea,
la aterradora mano del Infante,
    los rayos de Belén ciegan sus negros ojos.
Ninguno de los dioses a su lado
osa seguir más tiempo,
    ni el enorme Tifón de cola de serpiente.
El Niño, su divinidad mostrando,
controla entre pañales a la maldita tropa.

Cuando acostado el sol
entre las rojas nubes,
    apoya su mentón en las olas de oriente,
las sombras en rebaño
a la infernal prisión caminan con cadenas
    y cada cual se mete en su propio sepulcro;
y las doradas hadas, que huyen ante la noche,
dejan su laberinto amado por la luna.

Pero, ¡mirad!, la Virgen venerable
ha puesto a descansar a su pequeño.
    Es hora de concluir esta canción tediosa.
La estrella con el tiro más joven en el cielo
ha detenido su pulido carro,
    y al Señor, que ya duerme, atiende con su lámpara;
y alrededor de aquel establo majestuoso
ángeles con brillante arnés prestan servicio.

ON SHAKESPEARE

What needs my Shakespeare for his honoured bones
The labor of an age in pilèd stones?
Or that his hallowed relics should be hid
Under a star-ypointing pyramid?
Dear son of Memory, great heir of fame,
What need'st thou such weak witness of thy name?
Thou in our wonder and astonishment,
Hast built thyself a livelong monument.
For whilst to th' shame of slow-endeavouring art
Thy easy numbers flow, and that each heart
Hath from the leaves of thy unvalued book
Those Delphic lines with deep impression took,
Then thou, our fancy of itself bereaving,
Dost make us marble with too much conceiving,
And so sepulchred in such pomp dost lie,
That kings for such a tomb would wish to die.

A SHAKESPEARE

¿Qué le importa a mi Shakespeare el que, en su honra
amontonando piedras, una época se afane
o que a sus santos restos los oculte
pirámide que apunta a las estrellas?
Caro hijo del recuerdo y de la gloria,
¿qué te importa tal signo de tu nombre?
Tú, en nuestra admiración y en nuestro asombro
te has levantado un vivo monumento.
Para envidia del arte fatigoso,
tus versos fluyen y, en los corazones,
sacados de las páginas de tu valioso libro,
impresos quedan tus poemas délficos.
Y, suspendiendo nuestra fantasía,
nos tornas mármol con tus creaciones,
yaciendo en pompa tal, que hasta los reyes
morir desearían por tumba semejante.

ON THE UNIVERSITY CARRIER,
who sickened in the time of his vacancy,
being forbid to go to London
by reason of the Plague

Here lies old Hobson. Death hath broke his girt,
And here, alas!, hath laid him in the dirt;
Or else, the ways being foul, twenty to one
He's here stuck in a slough, and overthrown.
'T was such a shifter that, if truth were known,
Death was half glad when he had got him down;
For he had any time this ten years full
Dodged with him betwixt Cambridge and The Bull.
And surely, Death could never have prevailed,
Had not his weekly course of carriage failed;
But lately, finding him so long at home,
And thinking now his journey's end was come,
And that he had ta'en up his latest Inn,
In the kind office of a Chamberlin
Shewed him his room where he must lodge that night,
Pulled off his boots, and took away the light.
If any ask for him, it shall be said,
"Hobson has supped, and 's newly gone to bed."

AL TRANSPORTISTA DE LA UNIVERSIDAD,

quien se puso enfermo al quedarse sin trabajo,
debido a la prohibición de viajar a Londres
en tiempos de la peste[12]

Yace aquí el viejo Hobson. Su corpachón la muerte,
ay, ha quebrado y puesto sobre el lodo,
o, estando impracticables los caminos, apuesto
a que anda por aquí hundido en una ciénaga.
A decir la verdad, fue tal fullero,
que la muerte al hacerlo caer se alegró a medias,
pues en estos diez años
él siempre la esquivó entre Cambridge y El Toro[13].
Seguro que la muerte no lo habría vencido
si hubiera continuado su semanal transporte.
Porque como lo viese en casa tanto tiempo,
pensando que era ya el final del viaje
y que había llegado a su última posada,
cual gentil chamberlán
le mostró el aposento donde pasar la noche,
y le quitó las botas y se llevó la lámpara.
Al que por él pregunte, así se le responda:
que Hobson ya ha cenado, y se ha ido a la cama.

---

[12] Se refiere a una epidemia que tuvo lugar en 1630.

[13] Hobson hacía semanalmente el recorrido entre Cambridge y Londres. En la posada «El Toro» se ubicaba la terminal londinense.

L'ALLEGRO

Hence loathèd Melancholy,
Of Cerberus and blackest Midnight born,
In Stygian cave forlorn
'Mongst horrid shapes, and shrieks, and sights unholy;
Find out some uncouth cell,
Where brooding Darkness spreads his jealous wings,
And the night-raven sings;
There under ebon shades, and low-browed rocks,
As ragged as thy locks,
In dark Cimmerian desert ever dwell.
But come thou Goddess fair and free,
In heaven yclep'd Euphrosyne,
And by men, heart-easing Mirth,
Whom lovely Venus at a birth
With two sister Graces more
To Ivy-crownèd Bacchus bore;
Or whether (as some sager sing)
The frolic wind that breathes the spring,
Zephyr with Aurora playing,
As he met her once a-Maying,

L'ALLEGRO

¡Lejos de aquí, Melancolía odiosa,
  nacida de Cerbero[14] y la noche más negra
en estigia[15] caverna desolada,
  entre horrores y gritos, y visiones impías!
Busca una celda tosca
  donde la taciturna oscuridad extienda
sus vigilantes alas, y el negro cuervo cante;
  allí, entre sombras de ébano y de peñascos rudos,
igual de desgreñados que tu pelo,
  en el desierto oscuro de la Cimeria[16] habita.
Pero tú ven, deidad hermosa y libre,
que en el cielo te llaman Eufrosina
y Alegría los hombres, que el corazón conforta;
a quien la linda Venus, en un parto,
con las otras dos Gracias,
del dios Baco engendró, coronado de yedra;
o (así más sabios cantan)
el viento retozón soplo de primavera,
el Céfiro, jugando con la Aurora,
cuando se la encontró disfrutando de mayo,

---

[14] El perro de tres cabezas guardián del Infierno grecolatino.
[15] La Estigia era una laguna infernal.
[16] El país de la noche eterna para Homero.

There on beds of violets blue,
And fresh-blown roses washed in dew,
Filled her with thee, a daughter fair,
So buxom, blithe, and debonair.

Haste thee nymph, and bring with thee
Jest and youthful Jollity,
Quips and Cranks, and wanton Wiles,
Nods, and Becks, and wreathèd Smiles,
Such as hang on Hebe's cheek,
And love to live in dimple sleek;
Sport that wrinkled Care derides,
And Laughter holding both his sides.
Come, and trip it as ye go,
On the light fantastic toe;
And in thy right hand lead with thee,
The mountain-nymph, sweet Liberty;
And, if I give thee honour due,
Mirth, admit me of thy crew
To live with her, and live with thee,
In unreprovèd pleasures free;
To hear the lark begin his flight,
And singing startle the dull night,
From his watch-tower in the skies,
Till the dappled Dawn doth rise;
Then to come, in spite of sorrow,
And at my window bid good-morrow,
Through the sweet-briar or the vine,

allí, sobre azul lecho de violetas
y de fragantes rosas bañadas de rocío,
de ti la llenó, que eres su hermosa hija,
tan alegre, vivaz y tan gallarda.

Apresúrate, ninfa, y trae contigo
la broma, el joven gozo,
agudezas y gracias, y las lascivas tretas,
los gestos, las señales y las grandes sonrisas
similares a aquellas que en la mejilla de Hebe[17]
bien gustan de habitar en un lustroso hoyuelo;
los juegos que se burlan del fruncido cuidado
y la risa que intenta reprimirse.
Ven danzando ligera
con fantástico pie,
y lleva de la diestra la ninfa de los montes,
la dulce Libertad;
y, si el honor te rindo que es debido,
Alegría, admíteme en tu séquito,
para vivir con ella así, y contigo,
entre santos placeres siendo libre:
para oír a la alondra iniciando su vuelo
y, cantando, asustar a la lóbrega noche
desde algún torreón vigía de los cielos
hasta que se levante la moteada aurora;
luego vendrá, a pesar de su tristeza,
a mi ventana a dar los buenos días
a través del rosal y de la parra,

---

[17] La diosa de la juventud en el panteón grecolatino.

Or the twisted eglantine;
While the cock with lively din,
Scatters the rear of Darkness thin;
And to the stack, or the barn door,
Stoutly struts his dames before:
Oft list'ning how the hounds and horn
Cheerly rouse the slumb'ring Morn,
From the side of some hoar hill,
Through the high wood echoing shrill:
Sometime walking, not unseen,
By hedgerow elms, on hillocks green,
Right against the eastern gate,
Where the great Sun begins his state,
Robed in flames, and amber light,
The clouds in thousand liveries dight;
While the ploughman, near at hand,
Whistles o'er the furrowed land,
And the milkmaid singeth blithe,
And the mower whets his scythe,
And every shepherd tells his tale
Under the hawthorn in the dale.

Straight mine eye hath caught new pleasures,
Whilst the landskip round it measures:
Russet lawns, and fallows gray,
Where the nibbling flocks do stray;
Mountains on whose barren breast
The labouring clouds do often rest;
Meadows trim with daisies pied,
Shallow brooks, and rivers wide.

o de la zarzarrosa,
mientras el gallo, con vivaz estrépito,
esparcirá los cabos de una delgada sombra
y al almiar dirigiéndose, al granero,
se pavoneará tenaz ante sus damas;
escuchando a menudo los canes y los cuernos
despertar jovialmente la dormida mañana,
desde alguna colina cubierta de rocío,
atravesando el alto bosque con su eco agudo.
A veces caminando, bien visible,
junto a los setos de olmos y verdes altozanos,
en dirección a la puerta del este
donde el gran sol da inicio a su gobierno
revestido de llamas y de luz ambarina,
las nubes adornadas de cientos de libreas;
mientras el labrador, aquí a mi lado,
silba sobre los surcos
y la joven lechera canta alegre
y el segador a su hoz le saca filo
y los pastores cuentan sus corderos
debajo de un espino allí en el valle.

Al punto otros placeres retiene mi mirada
en tanto que el paisaje observa en torno:
pastos bermejos y barbechos grises,
en donde los rebaños perdidos mordisquean;
montañas en cuyo árido regazo
las fatigadas nubes a menudo descansan,
praderas bien cuidadas con pintas margaritas,
vadeables arroyos, anchos ríos;

Towers and battlements it sees
Bosomed high in tufted trees,
Where perhaps some Beauty lies,
The Cynosure of neighbouring eyes.
Hard by, a cottage chimney smokes
From betwixt two agèd oaks,
Where Corydon and Thyrsis met
Are at their savoury dinner set
Of herbs, and other country messes,
Which the neat-handed Phyllis dresses;
And then in haste her bow'r she leaves,
With Thestylis to bind the sheaves;
Or, if the earlier season lead,
To the tann'd haycock in the mead.

Sometimes with secure delight
The upland hamlets will invite,
When the merry bells ring round,
And the jocund rebecks sound
To many a youth and many a maid,
Dancing in the chequered shade;
And young and old come forth to play
On a sunshine holiday,
Till the livelong daylight fail;
Then to the spicy nut-brown ale,
With stories told of many a feat,

torres y almenas ve
que copetudos árboles abrazan,
donde tal vez alguna bella yace,
el centro de interés del vecindario.
Cerca la chimenea de una cabaña humea
entre dos viejos robles,
en donde juntos Coridón[18] y Tirsis
se comen buenos platos sazonados
de hierbas, y otros manjares campesinos,
que la avezada Filis adereza,
y más tarde se va de aquella sombra
para atar las gavillas junto a Téstilis,
o al tostado montón de heno en el prado
si la estación en ciernes hasta allí la conduce.

Con seguro deleite, algunas veces
las aldeas de arriba celebrarán festejos
en los que alegres tañan las campanas
y gozosos resuenen los rabeles
para muchos mancebos, para muchas doncellas,
que dancen en la sombra ajedrezada;
y jóvenes y viejos
disfrutarán de un día festivo soleado
hasta que, transcurrido, su luz mengüe;
luego irán a tomar una rica cerveza
mientras se cuentan multitud de hazañas:

---

[18] Coridón, Tirsis, Filis, Téstilis, son todos nombres de campesinos propios de la poesía bucólica.

How faery Mab the junkets eat:
She was pinched and pulled, she said,
And he, by friar's lanthorn led,
Tells how the drudging Goblin sweat
To earn his cream-bowl duly set,
When in one night, ere glimpse of morn,
His shadowy flail hath threshed the corn
That ten day-labourers could not end;
Then lies him down, the lubber fend,
And, stretched out all the chimney's length,
Basks at the fire his hairy strength;
And crop-full out of doors he flings,
Ere the first cock his matin rings.
Thus done the tales, to bed they creep,
By whispering winds soon lulled asleep.
Towered cities please us then,
And the busy hum of men,
Where throngs of Knights and Barons bold,
In weeds of peace, high triumphs hold,
With store of Ladies, whose bright eyes
Rain influence, and judge the prize
Of wit or arms, while both contend
To win her grace whom all commend.
There let Hymen oft appear
In saffron robe, with taper clear,
And pomp, and feast, and revelry,

cómo la reina Mab[19] comió el dulce de leche;
y que la pellizcó dirá una, y tiró de ella;
y algún otro, guiado por el candil de un fraile,
contará cómo el duende[20] esclavizado suda
por ganarse un tazón de crema merecido,
cuando una sola noche, antes del alba,
su mayal ilusorio trilló el grano
que diez hombres no hubieran podido en todo un día;
luego se tiende Lubber Fend tan largo
como la chimenea,
y calienta su fuerza peluda junto al fuego;
y, con la panza llena, se va con mucha prisa
antes que cante el gallo sus maitines.
Concluidos los cuentos se arrastran hasta el lecho,
y enseguida unas brisas susurrantes los duermen.
Ciudades torreadas nos complacen más tarde
con el ajetreado zumbido de los hombres,
en donde caballeros y barones osados
con ropajes de paz grandes triunfos celebran,
y hay provisión de damas, cuyos brillantes ojos
ejerciendo su influjo, el precio juzgan
del ingenio o las armas, mientras ambos contienden
por ganar su favor, que todos loan.
Que allí el dios Himeneo[21] a menudo aparezca
con túnica azafrán y luminosa antorcha,
y pompa y fiesta y regocijo y máscaras,

---

[19] La reina de las hadas en el folklore inglés.

[20] Se hace referencia, como se verá unos versos más adelante, a Lubber Fend, otro personaje del folklore inglés.

[21] En la mitología griega, Himeneo era el dios del matrimonio.

With mask, and antique pageantry;
Such sights as youthful poets dream
On summer eves by haunted stream.
Then to the well-trod stage anon,
If Jonson's learnèd sock be on,
Or sweetest Shakespeare, Fancy's child,
Warble his native wood-notes wild.
And ever against eating cares,
Lap me in soft Lydian airs,
Married to immortal verse,
Such as the meeting soul may pierce,
In notes with many a winding bout
Of linkèd sweetness long drawn out
With wanton heed, and giddy cunning,
The melting voice through mazes running,
Untwisting all the chains that tie
The hidden soul of harmony;
That Orpheus self may heave his head
From golden slumber on a bed
Of heaped Elysian flow'rs, and hear
Such strains as would have won the ear
Of Pluto to have quite set free
His half-regain'd Eurydice.
These delights if thou canst give,
Mirth, with thee I mean to live.

y el boato que había en otros tiempos;
visiones como sueñan los jóvenes poetas
en las tardes de estío junto a corrientes mágicas.
Enseguida después, a la repleta escena,
si están allí los zuecos del ilustrado Jonson[22]
o el más amable Shakespeare, hijo de Fantasía,
de su bosque natal gorjea las canciones.
Y siempre, aun a pesar del apetito,
envuélveme en las suaves melodías de Lidia,
que a eterno verso se unen,
como el que el alma afín
atraviesa con notas ondulantes
de enlazada dulzura que mucho se prolongan
con lasciva atención, vertiginoso ingenio:
voz que fundida corre por entre laberintos,
soltando todas las cadenas que atan
el oculto interior de la armonía;
de tal modo que Orfeo[23] pueda alzar la cabeza
de su sueño dorado, sobre un lecho
de amontonadas flores elíseas, y escuche
acentos que aun habrían conquistado el oído
del dios Plutón, para que liberase
a la ya medio recobrada Eurídice.
Si estos deleites puedes concedernos,
Alegría, me iré a vivir contigo.

---

[22] Se hace alusión a Ben Jonson (1572-1637), eminente dramaturgo inglés.

[23] Poeta y músico mítico que estuvo a punto de salvar con su canto a su esposa Eurídice de las garras de la muerte. A este mito está dedicado el final del libro IV de las *Geórgicas* virgilianas.

IL PENSEROSO

Hence, vain deluding Joys,
The brood of Folly without father bred!
How little you bestead
Or fill the fixèd mind with all your toys!
Dwell in some idle brain,
And fancies fond with gaudy shapes possess,
As thick and numberless
As the gay motes that people the sunbeams,
Or likest hovering dreams,
The fickle pensioners of Morpheus' train.

But hail! thou Goddess sage and holy!
Hail, divinest Melancholy!
Whose saintly visage is too bright
To hit the sense of human sight,
And therefore to our weaker view
O'erlaid with black, staid Wisdom's hue;
Black, but such as in esteem
Prince Memnon's sister might beseem,
Or that starred Ethiop queen that strove

IL PENSEROSO

¡Lejos de aquí, engañosos Gozos vanos,
prole de la Locura engendrados sin padre!
¡Qué poco aprovecháis
o llenáis de juguetes la mente concentrada!
Habitad en algún cerebro ocioso,
y el oropel vestid de locas fantasías,
tupidas e incontables,
cual las alegres motas que un rayo de luz pueblan,
o cual sueños flotantes,
los volubles escoltas de Morfeo[24].

¡Mas a ti te saludo, diosa sagrada y sabia,
Melancolía, a ti, la más divina!,
cuyo sagrado rostro es brillante en exceso
para que lo perciban los sentidos,
nuestra débil visión cubierta con la negra
y grave tez de la Sabiduría;
negra, más de la forma que en la hermana
del príncipe Memnón[25] se estimaría;
o en la reina[26] estelar de los etíopes

[24] Dios del sueño en la mitología griega.

[25] Personaje mítico griego, que fue rey de Etiopía. Milton atribuye a su hermana una gran belleza.

[26] Alusión a Casiopea y a su enfrentamiento con las musas. Terminó convertida en una constelación celeste.

To set her beauty's praise above
The sea-nymphs, and their powers offended.
Yet thou art higher far descended:
Thee bright-haired Vesta, long of yore,
To solitary Saturn bore;
His daughter she; in Saturn's reign
Such mixture was not held a stain.
Oft in glimmering bowers and glades
He met her, and in secret shades
Of woody Ida's inmost grove,
While yet there was no fear of Jove.
Come, pensive Nun, devout and pure,
Sober, steadfast, and demure,
All in a robe of darkest grain
Flowing with majestic train,
And sable stole of cypress lawn
Over thy decent shoulders drawn.
Come, but keep thy wonted state,
With even step, and musing gait,
And looks commércing with the skies,
Thy rapt soul sitting in thine eyes:
There, held in holy passion still,
Forget thyself to marble, till
With a sad leaden downward cast
Thou fix them on the earth as fast.

que se esforzó en vencer por ser más bella
a las ninfas del mar, que se ofendieron:
de un linaje más alto tú desciendes.
Mucho tiempo atrás Vesta[27], de brillante cabello,
te engendró de Saturno[28] el solitario,
siendo su hija; en el reino de Saturno
tal unión no era oprobio.
A menudo, entre claros y enramadas
la halló, en secretas sombras
del bosque más profundo de la fronda del Ida[29],
cuando no había aún temor de Júpiter.
Ven monja pensativa,
devota y pura, sobria, constante y recatada,
vestida con el paño más oscuro
que con su majestuosa cola ondee,
y un bruno chal de Chipre
en tus honestos hombros.
Ven tú, pero conserva tu porte acostumbrado,
con paso igual y andar meditativo,
y muéstrate en contacto con el cielo,
en éxtasis el alma que se asoma a tus ojos.
Sintiendo una pasión tranquila y pura,
de ti misma en olvido, allí vuélvete mármol,
hasta que con plomiza, triste mirada baja
los fijes en la tierra de un modo igual de firmes;

[27] Diosa del hogar en el panteón romano.

[28] Saturno fue derrocado por sus propios hijos. Cuando estos se repartieron su reino, a Júpiter le tocó en suerte el cielo y a Plutón el infierno. A ambos se hará referencia a lo largo del poema.

[29] Se refiere al monte cretense donde nació Zeus, el Júpiter romano.

And join with thee calm Peace and Quiet,
Spare Fast, that oft with gods doth diet,
And hears the Muses in a ring
Aye round about Jove's altar sing;
And add to these retirèd Leisure
That in trim gardens takes his pleasure;
But first and chiefest, with thee bring
Him that yon soars on golden wing,
Guiding the fiery-wheelèd throne,
The cherub Contemplatiön;
And the mute Silence hist along,
'Less Philomel will deign a song
In her sweetest saddest plight,
Smoothing the rugged brow of Night,
While Cynthia checks her dragon yoke
Gently o'er the accustomed oak.
Sweet bird, that shunn'st the noise of folly,
Most musical, most melancholy!
Thee, chauntress, oft the woods among
I woo, to hear thy even-song;
And, missing thee, I walk unseen
On the dry smooth-shaven green,
To behold the wandering Moon
Riding near her highest noon,
Like one that had been led astray
Through the heaven's wide pathless way,
And oft, as if her head she bowed,

y con la quieta Paz, con el Sosiego júntate,
observando el ayuno, comensal de los dioses,
y da oído a las musas en círculo dispuestas,
que en torno cantan del altar de Júpiter.
Y a estos añade el Ocio que, apartado,
encuentra su placer en los bellos jardines.
Mas trae, lo primero y principal, contigo
al querubín que vuela sobre doradas alas
y que conduce el trono de las ruedas de fuego,
a la Contemplación;
y que el mudo Silencio no rechiste,
a no ser que se digne Filomela[30]
a cantar su dulcísimo, tristísimo infortunio
que a la noche le allana el escabroso ceño,
mientras Cintia[31] detiene su tiro de dragones,
tan gentil, sobre el roble acostumbrado.
Dulce ave que rehúyes el son de la locura,
¡la suma por su música, suma Melancolía!
Cantora, a ti, a menudo por los bosques
te rondo para oír tu canto vespertino;
y cuando no te encuentro, camino inadvertido
sobre el bien recortado y seco césped,
para así contemplar la errante luna
cabalgando ya cerca de su cénit,
como quien se ha perdido
por un cielo anchuroso sin senderos,
y, como si inclinase la cabeza, a menudo

---

[30] Personificación del ruiseñor.

[31] Cintia: sobrenombre de Diana o Artemisa, la luna.

Stooping through a fleecy cloud.
Oft, on a plot of rising ground
I hear the far-off curfew sound
Over some wide-watered shore,
Swinging slow with sullen roar;
Or, if the air will not permit,
Some still removèd place will fit,
Where glowing embers through the room
Teach light to counterfeit a gloom;
Far from all resort of mirth,
Save the cricket on the hearth,
Or the Bellman's drowsy charm
To bless the doors from nightly harm.
Or let my lamp at midnight hour
Be seen in some high lonely tower,
Where I may oft out-watch the Bear
With thrice-great Hermes, or unsphere
The spirit of Plato, to unfold
What worlds or what vast regions hold
The immortal mind that hath forsook
Her mansion in this fleshly nook;
And of those demons that are found
In fire, air, flood, or underground,
Whose power hath a true consent
With planet or with element.
Sometime let gorgeous Tragedy

caer atravesando la lana de una nube.
A menudo en un alto, oigo el lejano
son del toque de queda
sobre una extensa costa que humedecen las aguas,
lentamente meciéndose con clamor taciturno.
O si el tiempo lo impide,
servirá algún lugar recóndito y tranquilo,
donde brasas brillando a través de la estancia,
enseñen a la luz a imitar la penumbra;
lejos de todo asomo de alegría,
excepto el grillo de la chimenea
o el somnoliento hechizo del guarda que bendice
las puertas protegiéndolas del peligro nocturno.
O que, a la medianoche, mi lámpara se vea
en alguna alta torre solitaria
donde pueda observar la Osa a menudo,
con Hermes Trismegisto[32], o el espíritu
atraer de Platón[33], que nos revele
qué mundos, qué región inmensa habita
la mente que, inmortal, ha dejado su casa,
este rincón de carne;
y de aquellos demonios que se encuentran
en el fuego, en el aire, el agua o bajo el suelo,
cuyo poder está en conexión probada
con astro o elemento.
Que algunas veces venga la grandiosa Tragedia

---

[32] Hermes Trimegisto: Hermes «el tres veces grande». Alquimista egipcio, autor de libros de magia.

[33] Platón: el célebre filósofo ateniense. La única alusión a un personaje histórico del poema.

In sceptred pall come sweeping by,
Presenting Thebs, or Pelops' line,
Or the tale of Troy divine,
Or what (though rare) of later age
Ennobled hath the buskined stage.
But, O sad Virgin! that thy power
Might raise Musæus from his bower,
Or bid the soul of Orpheus sing
Such notes as, warbled to the string,
Drew iron tears down Pluto's cheek
And made Hell grant what Love did seek;
Or call up him that left half-told
The story of Cambuscan bold,
Of Camball, and of Algarsife,
And who had Canacé to wife
That owned the virtuous ring and glass;
And of the wondrous horse of brass
On which the Tartar King did ride;
And if aught else great Bards beside
In sage and solemn tunes have sung
Of tourneys, and of trophies hung,
Of forests, and enchantments drear,
Where more is meant than meets the ear.

en un negro atavío que se arrastra,
representando a Tebas o el linaje de Pélope[34]
o la divina Troya;
o aquello, cosa rara, con que tiempos más próximos
han prestado nobleza a los coturnos.
Pero que tu poder, oh triste Virgen,
pueda a Museo[35] alzar de su enramada
u obligar a que el alma de Orfeo[36] cante notas,
con un trinar de cuerdas, semejantes a aquellas
que hicieron a Plutón verter lágrimas de hierro
y al Infierno otorgar lo que el Amor buscaba.
O ya invocar a aquel que dejó a medias
la historia de Cambuscan[37], el osado,
de Cambal y Algarsife,
de quien se desposó con Canacea
y poseyó el anillo con el espejo mágicos;
y del corcel de bronce prodigioso
que el rey de la Tartaria cabalgaba;
y, además, todo aquello que los bardos ilustres
con sabias y solemnes melodías cantaron
de justas y trofeos que alto cuelgan,
de bosques y de encantamientos tristes,
donde se dice más de lo que oye el oído.

---

[34] Rey que dio nombre a la región griega del Peloponeso. De él derivan los reyes Agamenón y Menelao, prominentes figuras homéricas.

[35] Museo de Atenas fue un poeta y cantor semilegendario.

[36] De nuevo se trata del poeta y músico mítico, que con su canto estuvo a punto de lograr que su esposa recobrara la vida.

[37] Cambuscan, Cambal, Algarsife, Canacea: diversos personajes del «Cuento del escudero», incluido en los *Cuentos de Canterbury* de Chaucer, poeta inglés que vivió en el siglo XIV.

Thus, Night, oft see me in thy pale career,
Till civil-suited Morn appear,
Not tricked and frounced as she was wont
With the Attic Boy to hunt,
But kerchieft in a comely cloud
While rocking winds are piping loud,
Or ushered with a shower still,
When the gust hath blown his fill,
Ending on the rustling leaves
With minute drops from off the eaves.
And, when the sun begins to fling
His flaring beams, me, Goddess, bring
To archèd walks of twilight groves,
And shadows brown, that Sylvan loves,
Of pine, or monumental oak,
Where the rude axe, with heavèd stroke,
Was never heard the nymphs to daunt
Or fright them from their hallowed haunt.
There, in close covert, by some brook,
Where no profaner eye may look,
Hide me from day's garish eye,
While the bee with honeyed thigh
That at her flowery work doth sing,
And the waters murmuring,
With such consort as they keep,
Entice the dewy-feathered Sleep;

Así, mírame, Noche, en tu pálido curso
hasta que la cortés Mañana se presente,
no falaz, con arrugas,
cual solía ir de caza con el mozo[38] ateniense,
sino envuelta en el lienzo de una bonita nube
mientras las mecedoras brisas suenan.
O una apacible lluvia que te sirva de escolta,
si soplar más no puede la tormenta
y termina en las hojas susurrantes,
con diminutas gotas que caen del alero.
O cuando el sol arroje
sus encendidos rayos, diosa, llévame
a abovedadas sendas de vespertinos bosques,
y pardas sombras, que mucho ama Silvano[39],
de pino o un gran roble,
en donde la ruda hacha, con esforzado golpe,
nunca la oyen las ninfas asustadas
ni las obliga a huir de sus sacras guaridas.
Allí, en secreto albergue, junto a algún riachuelo
donde un ojo profano nunca mire,
ocúltame del ojo deslumbrante del día,
en tanto que la abeja, la de melosos muslos,
en su florida ocupación cantando,
y aguas rumorosas,
con su armonía atraigan
al Reposo de plumas de rocío;

[38] Se alude a Céfalo, personaje mitológico del que se enamoró la diosa Aurora.

[39] Silvano: el dios romano de los bosques.

And let some strange mysterious dream
Wave at his wings in airy stream
Of lively portraiture displayed,
Softly on my eyelids laid.
And, as I wake, sweet music breathe
Above, about, or underneath,
Sent by some Spirit to mortals good,
Or the unseen Genius of the wood.
But let my due feet never fail
To walk the studious cloister's pale,
And love the high-embowèd roof,
With antique pillars massy proof,
And storied windows richly dight,
Casting a dim religious light.
There let the pealing organ blow
To the full-voiced quire below,
In service high and anthems clear,
As may with sweetness, through mine ear,
Dissolve me into ecstasies,
And bring all Heaven before mine eyes.
And may at last my weary age
Find out the peaceful hermitage,
The hairy gown and mossy cell
Where I may sit, and rightly spell
Of every star that heaven doth shew,
And every herb that sips the dew;
Till old experience do attain
To something like prophetic strain.
These pleasures, Melancholy, give,
And I with thee will choose to live.

y que algún misterioso, extraño sueño
vuele sobre sus alas en el fluir aéreo
de una vívida imagen que se muestra,
suavemente extendida encima de mis párpados.
Y, en cuanto que despierte, aliente dulce música
arriba, abajo, en torno,
que envíe algún espíritu a los mortales buenos,
o el genio inadvertido de ese bosque.
Que mis derechos pasos nunca dejen
de andar por el recinto del estudioso claustro,
de amar el alto techo con su bóveda
y sus antiguos, sólidos pilares,
e historiadas ventanas que, con ricos adornos,
una luz religiosa y tenue arrojan.
Que, allí, el fragoroso órgano resuene
con el cantar a plena voz del coro
en liturgia solemne y claros himnos;
que esa dulzura puesta en mis oídos
me disuelva en un éxtasis, y ponga
todo el Cielo delante de mis ojos.
Y que, al final, mis años fatigados
encuentren el pacífico retiro,
el hábito grosero y la musgosa celda
donde pueda sentarme y dar su justo nombre
a cada estrella que se muestra en lo alto
y cada hierba que liba del rocío,
hasta que ya una vieja experiencia me lleve
hasta algo similar al trance de un profeta.
Todos estos placeres, Melancolía, otórgame,
y mi elección será vivir contigo.

ON TIME

Fly, envious Time, till thou run out thy race:
Call on the lazy leaden-stepping hours,
Whose speed is but the heavy plummet's pace;
And glut thyself with what thy womb devours,
Which is no more than what is false and vain,
And meerly mortal dross;
So little is our loss,
So little is thy gain!
For, whenas each thing bad thou hast entombed,
And, last of all, thy greedy self consumed,
Then long eternity shall greet our bliss
With an individual Kiss,
And Joy shall overtake us as a flood;
When every thing that is sincerely good
And perfectly divine,
With Truth, and Peace, and Love, shall ever shine
About the supreme Throne
Of Him, t'whose happy-making sight alone,
When once our heav'nly-guided soul shall climb,
Then, all this earthy grossness quit,
Attired with stars we shall for ever sit,
Triumphing over Death, and Chance, and thee, O Time!

AL TIEMPO

Vuela, envidioso Tiempo, hasta acabar tu curso,
llama a las lentas horas con sus plomizos pasos,
que tan rápidos son cual los de las plomadas,
y sáciate con eso que tu vientre devora,
que es lo falso y lo vano,
mera escoria mortal.
Así poca es la pérdida,
y poca la ganancia.
Cuando todas las cosas que son malas sepultes
y, al fin, tu codicioso ser consumas,
vendrá la eternidad a bendecirnos
con un beso uno a uno,
y nos rebasará, cual riada, la alegría;
cuando todas las cosas sinceramente buenas,
perfectas y divinas,
con la Verdad, la Paz y el Amor brillen siempre
en torno al alto trono
de aquel, cuya sola visión produce dicha;
cuando nuestra alma al cielo guiada se alce,
depuesta toda terrenal rudeza,
y adornados de estrellas nos sentemos por siempre,
triunfando del azar, la muerte y de ti, oh Tiempo.

SONG ON MAY MORNING

Now the bright morning-star, Day's harbinger,
Comes dancing from the East, and leads with her
The flowery May, who from her green lap throws
The yellow cowslip and the pale primrose.
Hail, bounteous May, that dost inspire
Mirth, and youth, and warm desire!
Woods and groves are of thy dressing;
Hill and dale doth boast thy blessing.
Thus we salute thee with our early song,
And welcom thee, and wish thee long.

CANCIÓN A LA MAÑANA DE MAYO

Ya la brillante estrella, mensajera del día,
danzando viene desde el este, y trae
a la florida Mayo, que del regazo arroja
la prímula amarilla, la blanca primavera.
¡Salve, copiosa Mayo, pues inspiras
juventud y alegría, y el ardiente deseo!
Arboledas y bosques son parte de tu atuendo,
las colinas y valles de tu favor presumen.
Te saludamos pues, con tempranero canto,
damos la bienvenida, y te queremos larga.

LYCIDAS

In this monody the Author bewails a learned Friend, unfortunately drowned in his Passage from Chester on the Irish Seas, 1637. And by occasion foretells the ruin of our corrupted clergy then in their height.

Yet once more, O ye laurels, and once more
Ye myrtles brown, with ivy never sear,
I come to pluck your berries harsh and crude,
And with forced fingers rude,
Shatter your leaves before the mellowing year.
Bitter constraint, and sad occasion dear,
Compels me to disturb your season due:
For Lycidas is dead, dead ere his prime,
Young Lycidas, and hath not left his peer:
Who would not sing for Lycidas? he knew
Himself to sing, and build the lofty rhyme.
He must not float upon his watry bear
Unwept, and welter to the parching wind,
Without the meed of some melodious tear.

Begin then, sisters of the sacred well,
That from beneath the seat of Jove doth spring,

LÍCIDAS

En esta monodia el autor se lamenta por un docto amigo, desafortunadamente ahogado, tras partir de Chester, en el mar de Irlanda, en 1637. Y aprovechando la ocasión presagia la ruina de nuestro corrupto clero, en su apogeo entonces.

Una vez más, laureles, una vez más oscuros
mirtos, hiedra que nunca estás marchita,
vengo a coger las bayas aún verdes y duras,
y con mis dedos toscos y forzados,
a agitar vuestras hojas antes de lo debido.
Amarga obligación, motivo caro y triste,
me impele a perturbar la estación que os es propia;
pues Lícidas ha muerto, el joven Lícidas,
ha muerto antes de tiempo, sin dejar par alguno.
¿Quién negaría cantos a Lícidas? Él mismo
cantaba y componía nobles versos.
No ha de flotar en su angarilla de agua
sin que nadie lo llore, ni ha de secarlo el viento
falto de recompensa de melodiosas lágrimas.

Comenzad pues, hermanas[40] de la sagrada fuente,
que debajo del trono de Júpiter aflora,

[40] Referencia a las musas y a la fuente Aganipe.

Begin, and somewhat loudly sweep the string.
Hence with denial vain, and coy excuse,
So may some gentle Muse
With lucky words favour my destined urn,
And as he passes turn,
And bid fair peace be to my sable shroud.
For we were nursed upon the self-same hill,
Fed the same flock by fountain, shade, and rill.

Together both, ere the high lawns appeared
Under the opening eyelids of the morn,
We drove afield, and both together heard
What time the gray-fly winds her sultry horn,
Battening our flocks with the fresh dews of night,
Oft till the star that rose, at evening, bright
Toward heaven's descent had sloped his westering wheel.
Meanwhile the rural ditties were not mute,
Tempered to th'oaten flute;
Rough Satyrs danced, and Fauns with cloven heel,
From the glad sound would not be absent long,
And old Damoetas loved to hear our song.

But O the heavy change, now thou art gone,
Now thou art gone, and never must return!
Thee shepherd, thee the woods, and desert caves,
With wild thyme and the gadding vine o'ergrown,
And all their echoes mourn.
The willows, and the hazel copses green,
Shall now no more be seen,
Fanning their joyous leaves to thy soft lays.

comenzad y que suenen lo bastante las cuerdas.
Lejos la negativa banal, la excusa fácil;
que así un gentil poeta
con propicias palabras honre mi urna
y se pare al pasar
y la paz le desee a mi negro sudario.
Porque fuimos criados en la misma colina,
la misma grey nutrimos por fuente, arroyo y sombra.

Los dos juntos, aun antes que las altas praderas
surgiesen bajo el párpado que se abre en la mañana,
marchábamos y, juntos nosotros dos, oíamos
soplar al moscardón su trompa sofocante,
nuestra grey engordándose con la escarcha nocturna,
hasta que el radiante astro que se alza en el crepúsculo
inclinaba su rueda a un cielo ya en descenso.
Entretanto, las rústicas canciones, que entonaba
la avena, no eran mudas,
danzaban toscos sátiros, y solípedos faunos
apenas se alejaban de ese alegre sonido,
y al viejo Damoetas nuestra canción placía.

¡Pero, oh cambio terrible, ahora tú te has ido,
ahora tú te has ido y no volverás nunca!
Por ti el pastor, por ti los bosques y las cuevas
colmadas de tomillo y de vid errabunda,
y sus ecos se duelen.
Los sauces y los sotos de avellanos
no agitarán ahora
un abanico de hojas a tus dulces canciones.

As killing as the canker to the rose,
Or taint-worm to the weanling herds that graze,
Or frost to flowers, that their gay wardrobe wear,
When first the whitethorn blows;
Such, Lycidas, thy loss to shepherds ear.

Where were ye Nymphs when the remorseless deep
Closed o'er the head of your loved Lycidas?
For neither were ye playing on the steep,
Where your old bards, the famous Druids lie,
Nor on the shaggy top of Mona high,
Nor yet where Deva spreads her wizard stream:
Ay me, I fondly dream!
Had ye bin there—for what could that have done?
What could the Muse herself that Orpheus bore,
The Muse herself, for her enchanting son
Whom universal nature did lament,
When by the rout that made the hideous roar,
His gory visage down the stream was sent,
Down the swift Hebrus to the Lesbian shore.

Alas! What boots it with uncessant care
To tend the homely slighted shepherd's trade,

Tan mortal como el cancro es a la rosa
o el tábano a la grey que ha sido destetada,
o la escarcha a las flores de brillante atavío
cuando el espino se abre:
tal tu pérdida, Lícidas, para el pastor que la oye.

¿En dónde estabais, ninfas, cuando el abismo impío
ocultó la cabeza de vuestro amado Lícidas?
Pues ni estabais jugando por los montes,
donde los viejos bardos, famosos druidas, yacen,
ni en el hirsuto pico de la elevada Mona[41],
ni donde el Deva[42] corre con mágica corriente.
¡Ay, mi sueño es locura!
Si allí hubierais estado, ¿de qué hubiese servido?
Lo que la propia musa sirvió, madre de Orfeo[43],
la propia musa, a su hijo, el hacedor de encantos,
por el que toda la naturaleza
se afligió cuando la hueste del odioso bramido
ensangrentó su rostro, que arrastraron las aguas
desde el Hebro[44] veloz a las costas de Lesbos.

¿Pues qué vale, ay, con incesante celo
atender del oficio de pastor las tareas

---

[41] La isla galesa de Anglesey.

[42] El río Dee que transcurre principalmente por el País de Gales. Spenser en «*The Faerie Queene*» lo había calificado de «divino».

[43] Calíope fue la madre del tracio Orfeo, el poeta mítico por antonomasia de la Antigüedad. Toda la naturaleza se plegaba a la magia de su canto. Más adelante se hace mención de su muerte a manos de las Bacantes.

[44] Río tracio. El actual Maritsa.

And strictly meditate the thankless Muse,
Were it not better done as others use,
To sport with Amaryllis in the shade,
Or with the tangles of Neaera's hair?
Fame is the spur that the clear spirit doth raise
(That last infirmity of noble mind)
To scorn delights, and live laborious days:
But the fair guerdon when we hope to find,
And think to burst out into sudden blaze,
Comes the blind Fury with th'abhorrèd shears,
And slits the thin-spun life. But not the praise,
Phoebus replied, and touched my trembling ears;
Fame is no plant that grows on mortal soil,
Nor in the glistering foil
Set off to th'world, nor in broad rumour lies,
But lives and spreads aloft by those pure eyes,
And perfect witness of all judging Jove;
As he pronounces lastly on each deed,
Of so much fame in heaven expect thy meed.

O Fountain Arethuse, and thou honoured flood,
Smooth-sliding Mincius, crowned with vocal reeds,

y, aplicado, pensar en una ingrata musa?
¿No sería mejor hacer lo que los otros,
jugar con Amarilis[45] en la sombra
o el cabello enredado de Nerea?
La Fama es aguijón que lleva al claro espíritu
(esa última flaqueza de toda mente noble),
a desdeñar deleites y apreciar el esfuerzo;
pero cuando esperamos hallar la recompensa
y que habremos de arder en una llama súbita,
llega la Furia[46] ciega con terribles tijeras
y acaba con la vida. «Mas no con la alabanza»,
dijo Febo[47] tocándome las trémulas orejas;
«La planta de la gloria no crece en suelo efímero,
ni está en las lentejuelas
que se muestran al mundo, ni en los grandes rumores;
vive y se extiende en lo alto, en la mirada pura
y el testimonio cierto de Jove[48], juez de todo;
de su postrer sentencia en cada acción, la gloria
espera que en el cielo a ti te toque en pago».

¡Oh tú, fuente Aretusa[49], y tú, noble corriente,
Mincio[50] que te deslizas coronado de cañas,

---

[45] Tanto Amarilis como Nerea son nombres de pastoras propios de la poesía bucólica.

[46] En su calidad de espíritu vengador.

[47] Apolo, el dios del canto y la poesía.

[48] Júpiter simboliza aquí el Dios cristiano.

[49] Fuente que surge en la isla de Ortigia, Siracusa. Elemento tópico de la poesía pastoril, cuyo primer cultivador fue el poeta siciliano Teócrito.

[50] Río que pasa por Mantua, la patria de Virgilio. Los ecos de las Bucólicas son numerosos a lo largo de todo el poema.

That strain I heard was of a higher mood:
But now my oat proceeds,
And listens to the herald of the sea
That came in Neptune's plea,
He asked the waves, and asked the felon winds,
What hard mishap hath doomed this gentle swain?
And questioned every gust of rugged wings
That blows from off each beakèd promontory,
They knew not of his story,
And sage Hippotades their answer brings,
That not a blast was from his dungeon strayed,
The air was calm, and on the level brine,
Sleek Panope with all her sisters played.
It was that fatal and perfidious bark
Built in th'eclipse, and rigged with curses dark,
That sunk so low that sacred head of thine.

Next Camus, reverend sire, went footing slow,
His mantle hairy, and his bonnet sedge,
Inwrought with figures dim, and on the edge
Like to that sanguine flower inscribed with woe.
Ah! who hath reft (quoth he) my dearest pledge?
Last came, and last did go,

ese acento que oí fue de más alto tono.
Mas mi avena prosigue
y ya escucha al heraldo de los mares[51],
el cual vino en el nombre de Neptuno;
él preguntó a las olas, a los felones vientos
qué suerte condenó a ese zagal tan dulce.
E inquirió a cada ráfaga de tormentosas alas
que sopla de los altos promontorios;
nada sabían de ello,
y el sabio hijo de Hipotes[52] le trajo sus respuestas:
que ni una racha había salido de su cárcel,
el aire estaba quieto y sobre el liso piélago
la lustrosa Panope[53] jugaba y sus hermanas.
Fue aquella embarcación fatal y pérfida,
construida en el eclipse, de aparejos malditos,
la que hundió en lo profundo tu sagrada cabeza.

El venerable Camus[54] lentamente fue luego,
con un manto peludo y un gorro hecho de juncias,
tejido con figuras borrosas, y en el borde
con la sangrienta flor que el dolor lleva inscrito[55].
«¿Quién me ha quitado», dijo, «mi más querida prenda?».
Vino al fin, se fue el último,

---

[51] Tritón.

[52] Eolo, dios del viento.

[53] Una de las cincuenta nereidas.

[54] El río Cam que pasa por Cambridge.

[55] El jacinto, que surgió de la sangre de un joven que el dios Apolo mató de un modo involuntario.

The pilot of the Galilean lake,
Two massy keys he bore of metals twain
(The golden opes, the iron shuts amain),
He shook his mitred locks, and stern bespake,
How well could I have spared for thee, young swain,
Enow of such as for their bellies' sake,
Creep and intrude, and climb into the fold?
Of other care they little reck'ning make,
Than how to scramble at the shearers' feast,
And shove away the worthy bidden guest.
Blind mouths! that scarce themselves know how to hold
A sheep-hook, or have learned aught else the least
That to the faithful herdman's art belongs!
What recks it them? What need they? They are sped;
And when they list, their lean and flashy songs
Grate on their scrannel pipes of wretched straw,
The hungry sheep look up, and are not fed,
But swoll'n with wind, and the rank mist they draw,
Rot inwardly, and foul contagion spread:
Besides what the grim wolf with privy paw
Daily devours apace, and nothing said,
But that two-handed engine at the door,
Stands ready to smite once, and smite no more.

el piloto[56] del lago galileo,
de distinto metal llevando sus dos llaves
(la de oro abre, la de hierro con mucha fuerza cierra),
sacudió su mitrado cabello y dijo grave:
«Por ti, joven zagal, ¿cómo no pude
de tantos prescindir que, por cuidarse el vientre,
se arrastran y se meten saltando en el aprisco?
De otro cualquier trabajo no hacen cuenta
sino de revolver en la alegre trasquila
y echar a los más dignos invitados.
¡Ciegas bocas!, que apenas el cayado sostienen
o saben lo más nimio
de lo que pertenece a un leal pastoreo.
¿Qué les importa o falta? Están muy bien provistos.
Y cuando lo desean, sus cantos, brillo solo,
hacen chirriar en flautas de paja miserable,
los hambrientos corderos los miran, mas no comen,
y se engordan de viento y aspiran niebla fétida,
en su interior podridos, y se extiende el contagio;
sin contar lo que el lobo[57] con sus garras secretas
devora cada día y no se dice nada.
Sin embargo, el mandoble está a la puerta,
dispuesto a golpear una vez, y una sola.

[56] El apóstol Pedro. En su boca se escucha la gran diatriba contra los clérigos de la época de Milton.

[57] La Iglesia Católica que, tras la Reforma, actuaba en Inglaterra de forma clandestina.

Return Alpheus, the dread voice is past,
That shrunk thy streams; return Sicilian Muse,
And call the vales, and bid them hither cast
Their bells, and flowrets of a thousand hues.
Ye valleys low where the mild whispers use,
Of shades and wanton winds, and gushing brooks,
On whose fresh lap the swart star sparely looks,
Throw hither all your quaint enamelled eyes,
That on the green turf suck the honied showers,
And purple all the ground with vernal flowers.
Bring the rathe primrose that forsaken dies.
The tufted crow-toe, and pale jessamine,
The white pink, and the pansy freaked with jet,
The glowing violet.
The musk-rose, and the well attired woodbine,
With cowslips wan that hang the pensive head,
And every flower that sad embroidery wears:
Bid amaranthus all his beauty shed,
And daffodillies fill their cups with tears,
to strew the laureate hearse where Lycid lies.
For so to interpose a little ease,
Let our frail thoughts dally with false surmise.
Ah me! Whilst thee the shores, and sounding seas
Wash far away, where'er thy bones are hurled
Whether beyond the stormy Hebrides,
Where thou perhaps under the whelming tide

Vuelve, Alfeo[58], esa voz terrible ya ha pasado
que echó atrás tu corriente; musa sícula[59], vuelve
y convoca a los valles y ordénales que esparzan
aquí sus campanillas y variopintas flores.
Vosotros, hondos valles de agradables murmullos,
de sombras y de brisas juguetonas y arroyos,
cuyo seno la oscura estrella[60] apenas mira,
lanzad aquí esos ojos de esmalte pintorescos
que sobre el verde césped melosas lluvias sorben,
y enrojeced de flores que en primavera brotan.
Traed la pronta prímula que se muere olvidada,
el pálido jazmín y el tupido ranúnculo,
la blanca clavelina, el pensamiento
moteado de negro, la brillante violeta,
la rosa del almizcle, galana madreselva,
con primaveras lánguidas de abstraída corola,
y toda flor bordada de tristeza:
mandadle al amaranto que vierta su hermosura
y al narciso que llene de lágrimas su copa,
para cubrir el féretro laureado de Lícidas.
Por así conseguir un poco de respiro,
distraigamos la mente con falsas conjeturas.
¡Ay! en tanto, tú en las costas o en los mares sonoros
te bañas, dondequiera que arrojaran tus huesos,
o ya allende las Hébridas que habitan las tormentas,
en donde tú quizás bajo mareas hondas

58 Río siracusano. Otro motivo pastoril.
59 La musa de la poesía bucólica.
60 La estrella canicular Sirio.

Visit'st the bottom of the monstrous world;
Or whether thou to our moist vows denied,
Sleep'st by the fable of Bellerus old,
Where the great vision of the guarded Mount
Looks toward Namancos and Bayona's hold;
Look homeward angel now, and melt with ruth.
And, O ye Dolphins, waft the hapless youth.

Weep no more, woeful shepherds weep no more,
For Lycidas your sorrow is not dead,
Sunk though he be beneath the watery floor,
So sinks the day-star in the ocean bed,
And yet anon repairs his drooping head,
And tricks his beams, and with new spangled ore,
Flames in the forehead of the morning sky:
So Lycidas sunk low, but mounted high,
Through the dear might of him that walked the waves,
Where other groves, and other streams along,
With nectar pure his oozy lock's he laves,
And hears the unexpressive nuptial song,

vas por el fondo del monstruoso mundo;
o ya, negado a nuestros votos húmedos,
duermes junto a la fábula del antiguo Bellerus[61],
en donde el gran espíritu del custodiado monte[62]
hacia Nemancos[63] mira y el fuerte de Bayona.
Mira hacia casa ahora[64], arcángel compasivo,
y, oh delfines[65], portad al desdichado joven.

Ya no más llanto, tristes pastores, no más llanto,
porque Lícidas, vuestra tristeza, no está muerto,
aunque se encuentre hundido bajo el agua;
así el astro del día se hunde en el océano,
pero pronto levanta su cabeza caída
y se adorna de rayos y, con sus lentejuelas,
en la frente llamea de un cielo matutino.
Lícidas se hundió así, mas se elevó hacia lo alto,
por el poder de aquel[66] que sobre olas anduvo,
en donde entre otros bosques, otros ríos,
con puro néctar lava su pelo que rezuma,
y escucha la canción nupcial inexpresable

---

[61] Nombre de un gigante inventado por Milton. Proviene del topónimo latino «Bellerium», que denominaba las costas de Cornwall.

[62] El arcángel San Miguel, custodio del monte St Michael, en Cornwall.

[63] Tanto Nemancos, nombre de un arciprestazgo de Santiago de Compostela, como Bayona, hacen referencia a un peligro proveniente del catolicismo y, en particular, de la España de la época.

[64] Hacia Inglaterra, la patria siempre en peligro para Milton.

[65] Referencia al mito de Arión, quien víctima de un naufragio, fue transportado a la costa sano y salvo por delfines.

[66] Jesucristo.

In the blest Kingdoms meek of joy and love.
There entertain him all the Saints above,
In solemn troops, and sweet societies
That sing, and singing in their glory move,
And wipe the tears for ever from his eyes.
Now Lycidas the shepherds weep no more;
Hence forth thou art the genius of the shore,
In thy large recompense and shalt be good
To all that wander in that perilous flood.

Thus sang the uncouth Swain to th'okes and rills,
While the still morn went out with sandals gray,
He touched the tender stops of various quills,
With eager thought warbling his Dorick lay:
And now the sun had stretched out all the hills,
And now was dropped into the western bay;
At last he rose, and twitched his mantle blue:
Tomorrow to fresh woods, and pastures new.

en el dichoso Reino manso de amor y gozo.
Allí todos los santos lo entretienen
con sus grupos solemnes y dulces compañías
que cantan, y cantando se mueven en su gloria,
y le limpian por siempre de lágrimas los ojos.
Ahora los pastores ya, Lícidas, no lloran;
pues que seas el genio de la costa
es tu gran recompensa[67], y has de ser favorable
a quien por esas aguas peligrosas se pierda.

Así cantó el zagal a robles y riachuelos,
y la mañana se iba con sus sandalias grises;
los tiernos tonos hizo sonar de varias flautas[68]
y trinar, con ardor, el canto dórico[69].
Y ya había alargado el sol todos los montes
y había descendido hacia el oeste.
Sacudió el manto azul[70], al fin alzándose:
mañana a nuevos bosques y otros pastos[71].

---

[67] El genio guardián del mar de Irlanda.

[68] El instrumento al que se hace referencia es una flauta de Pan.

[69] El dialecto dórico era la lengua de Teócrito.

[70] Aquí representa el color de la esperanza.

[71] Este verso, tan admirado por Percy B. Shelley, hasta el punto de utilizarlo como cierre de su poema «Letter to Maria Gisborne», está inspirado en otro del poeta Phineas Fletcher, perteneciente a *The Purple Island*, publicado en 1633: *Tomorrow shall ye feast in pastures new* («Mañana a festejar en frescos pastos»).

SONNETS

SONETOS

I

TO THE NIGHTINGALE

O nightingale, that on yon bloomy spray
Warblest at eve, when all the Woods are still;
Thou with fresh hope the lovers heart dost fill,
While the jolly hours lead on propitious May:
Thy liquid notes that close the eye of day,
First heard before the shallow cuckoo's bill
Portend success in love. O! if Jove's will
Have linked that amorous power to thy soft lay,
Now timely sing, ere the rude bird of hate
Foretell my hopeless doom in some grove nigh;
As thou from year to year hast sung too late
For my relief, yet hadst no reason why:
Whether the Muse, or Love, call thee his mate,
Both them I serve, and of their train am I.

I

AL RUISEÑOR

Oh ruiseñor, que en la florida rama
gorjeas a la tarde, cuando callan los bosques.
Tú de esperanza colmas el pecho del amante,
cuando alegres las horas van al propicio mayo.

Tu claro son, que cierra los párpados del día,
y se oye antes que el pico del tonto cuco, el éxito
augura en el amor. Si voluntad de Júpiter
ha atado a tu canción tal poder amoroso,

canta oportuno ahora, antes de que, aquí cerca,
la ruda ave del odio[72] mi triste fin presagie;
pues que tú, año tras año, hayas cantado

para aliviarme tarde, ha sido sin motivo.
Si la musa o Amor compañero te llaman,
sirvo a los dos, soy parte de su séquito.

[72] Se refiere al cuco, cuyo canto se consideraba de mal agüero para los enamorados.

II

ON HIS BEING ARRIVED TO THE AGE OF TWENTY-THREE

How soon hath Time, the subtle thief of youth,
Stolen on his wing my three-and-twentieth year!
My hasting days fly on with full career,
But my late spring no bud or blossom shew'th.
Perhaps my semblance might deceive the truth,
That I to manhood am arrived so near;
And inward ripeness doth much less appear,
That some more timely-happy spirits endu'th.
Yet be it less or more, or soon or slow,
It shall be still in strictest measure even
To that same lot, however mean or high,
Toward which Time leads me, and the will of Heaven;
All is, if I have grace to use it so,
As ever in my great Task-Master's eye.

II

AL LLEGAR A LA EDAD DE VEINTITRÉS AÑOS[73]

¡Sutil ladrón de juventud, el Tiempo
ha robado en sus alas veintitrés de mis años!
A todo correr vuelan mis presurosos días;
mi tarda primavera capullo o flor no muestra.

Tal vez a la verdad engaña mi semblante,
que estoy muy cerca ya de ser un hombre,
y una interna sazón se ve en mí mucho menos
que en felices espíritus más con su edad concordes.

Menos o más, de un modo raudo o lento,
ocurrirá guardando equivalencia estricta
con ese mismo fin, humilde o alto,

al que el Tiempo me guía y voluntad del Cielo.
Es y será, si alcanzo de usarla así la gracia,
como ha sido en el ojo de mi gran amo siempre.

---

[73] En este soneto se suele apreciar una especie de predestinación, sentida por el joven Milton, para escribir un gran poema de contenido religioso, como así fue a la postre.

III

Donna leggiadra, il cui bel nome onora
L'erbosa val di Reno e il nobil varco,
Bene è colui d'ogni valore scarco
Qual tuo spirto gentil non innamora,
Che dolcemente mostrasi di fuora,
De' suoi atti soavi giamai parco,
E i don', che son d'amor saette ed arco,
Laonde l'alta tua virtù s'infiora.
Quando tu vaga parli, o lieta canti,
Che mover possa duro alpestre legno,
Guardi ciascun a gli occhi ed a gli orecchi
L'entrata chi di te si truova indegno;
Grazia sola di sù gli vaglia, innanti
Che'l disio amoroso al cuor s'invecchi.

III

Hermosa dama, cuyo nombre ensalza
del Reno el verde valle[74] y paso noble,
mucho andará de su valor privado
quien de tu alma gentil no se enamora,

que dulcemente muéstrase por fuera,
de sus actos suaves nunca escasa
y sus dones, de Amor saeta y arco,
en donde tu virtud alta florece.

Cuando hablas bella o bien alegre cantas,
que pudiera moverse alpestre leño,
cierren todos los ojos, las orejas,

quienes de ti se estimen como indignos.
Gracia sola les valga de lo alto, antes
que el deseo amoroso arraigo tome.

---

[74] Alusión a Bolonia.

IV

Qual in colle aspro, al imbrunir di sera,
L'avezza giovinetta pastorella
Va bagnando l'erbetta strana e bella
Che mal si spande a disusata spera,
Fuor di sua natia alma primavera,
Così Amor meco insù la lingua snella
Desta il fior novo di strania favella,
Mentre io di te, vezzosamente altera,
Canto, dal mio buon popol non inteso,
E 'l bel Tamigi cangio col bel Arno.
Amor lo volse, ed io, a l'altrui peso,
Seppi ch'Amor cosa mai volse indarno.
Deh! foss' il mio cuor lento e' l duro seno
A chi pianta dal ciel si buon terreno.

IV

Cual en dura colina, si oscurece,
la diestra jovencita pastorcilla
va regando la planta extraña y bella
que mal se expande en desusada zona,

lejos de su nativa primavera,
de este modo el Amor en mi ágil lengua
abre la nueva flor de un habla extraña
mientras yo a ti, graciosamente altiva,

canto, de mi buen pueblo no entendido,
y el Támesis ya trueco por el Arno.
Amor lo quiso, y yo, que hay más ejemplos,
supe que nunca quiso Amor en vano.

¡Fuese mi corazón y duro pecho
a quien planta de lo alto tan buen suelo!

CANZONE

Ridonsi donne e giovani amorosi,
M'accostandosi attorno, e "Perchè scrivi,
Perchè tu scrivi in lingua ignota e strana,
Verseggiando d'amor, e come t'osi?
Dinne, se la tua speme sia mai vana,
E de' pensieri lo miglior t'arrivi!"
Così mi van burlando: "Altri rivi,
Altri lidi t'aspettan, ed altre onde,
Nelle cui verdi sponde
Spuntati ad or ad or a la tua chioma
L'immortal guiderdon d'eterne frondi.
Perchè alle spalle tue soverchia soma?"

Canzon, dirotti, e tu per me rispondi:
"Dice mia Donna, e 'l suo dir è il mio cuore,
Questa è lingua di cui si vanta Amore."

CANCIÓN

Damas se ríen y amorosos jóvenes,
rodeándome en torno y: «Por qué escribes,
por qué escribes tú en lengua ignota, extraña,
versos de amor, y cómo es que te atreves?
Dinos, y que se cumpla tu esperanza,
y tus mejores pensamientos logres».
Así se van burlando: «Si otros ríos,
otra orilla te esperan y otras ondas,
sobre cuyas riberas
está para tu pelo despuntando
inmortal galardón de eterna fronda,
¿por qué te cargas un tan grande peso?».

Canción, lo que te diga tú responde:
«Dice mi dama, y lo dice mi pecho,
que de esta lengua Amor se enorgullece».

V

Diodati (e te 'l dirò con maraviglia),
Quel ritroso io, ch'amor spreggiar solea
E de' suoi lacci spesso mi ridea,
Gia caddi, ov'uom dabben talhor s'impiglia.
Nè treccie d'oro, nè guancia vermiglia
M'abbaglian sì, ma sotto nova idea
Pellegrina bellezza che 'l cuor bea,
Portamenti alti honesti, e nelle ciglia
Quel sereno fulgor d'amabil nero,
Parole adorne di lingua più d'una,
E 'l cantar che di mezzo l'emispero
Traviar ben può la faticosa Luna;
E degil occhi suoi avventa sì gran fuoco
Che l'incerar gli oreechi mi fia poco.

V

Diodati[75] (lo diré con maravilla),
yo, ese esquivo que Amor tuve en desprecio
y de sus lazos me reía siempre,
caí donde se enreda un hombre bueno.

Ni trenza de oro ni roja mejilla
me ciegan, sino bajo nueva forma
peregrina belleza que bendice;
un porte noble, honesto, y en los ojos

un sereno fulgor de un negro amable;
bellas palabras en distintas lenguas
y el cantar que del centro de su órbita
mover bien puede a la esforzada luna;

y de sus ojos lanza tan gran fuego
que encerar los oídos será poco.

[75] Amigo de Milton desde su época universitaria en Cambridge. Pertenecía a una familia italiana exiliada por motivos religiosos.

VI

Per certo i bei vostr'occhi, Donna mia,
Esser non può che non fian lo mio sole;
Sì mi percuoton forte, come ei suole
Per l'arene di Libia chi s'invia,
Mentre un caldo vapor (nè sentì pria)
Da quel lato si spinge ove mi duole,
Che forsi amanti nelle lor parole
Chiaman sospir; io non so che si sia.
Parte rinchiusa e turbida si cela
Scossomi il petto, e poi n'uscendo poco
Quivi d'attorno o s'agghiaccia o s'ingiela;
Ma quanto a gli occhi giunge a trovar loco
Tutte le notti a me suol far piovose,
Finchè mia alba rivien colma di rose.

VI

En verdad vuestros ojos, mi señora,
no puede ser que ya mi sol no sean;
me golpean tan fuerte, como él suele
a quien recorre las arenas libias,

mientras vivo vapor, jamás sentido,
de aquel costado brota en que me duele,
que quizás los amantes denominan
suspiros, pero yo no sé qué sea.

Una parte encerrada, oculta y turbia,
el pecho me sacude; y luego un poco
saliendo al exterior se enfría o hiela.
Mas cuanto llega a alcanzar los ojos,

todas las noches me llena de lluvias,
hasta que vuelve mi alba con sus rosas.

VII

Giovane, piano, e semplicetto amante,
Poiché fuggir me stesso in dubbio sono,
Madonna, a voi del mio cuor l'umil dono
Farò divoto. Io certo a prove tante
L'ebbi fedele, intrepido, costante,
Di pensieri leggiadro, accorto, e buono.
Quando rugge il gran mondo, e scocca il tuono,
S'arma di se, e d'intero diamante,
Tanto del forze e d'invidia sicuro,
Di timori, e speranze al popol use,
Quanto d'ingegno e d' alto valor vago,
E di cetra sonora, e delle Muse.
Sol troverete in tal parte men duro
Ove Amor mise l'insanabil ago.

VII

Joven, sencillo e inexperto amante,
pues que dudoso estoy de huir de mí mismo,
señora, a vos mi corazón humilde
daré devoto. Sí, que en muchas pruebas

lo encontré fiel, intrépido, constante,
de hermosos pensamientos, sabio y bueno.
Cuando ruge el gran mundo, el trueno estalla,
se arma de sí y de sólido diamante

tan seguro de envidias y violencias,
de temor y esperanza al vulgo propios,
cuanto ávido de ingenio y valor alto,

de la sonora cítara y las musas.
Solo lo encontraréis vos menos duro
donde Amor puso el incurable dardo.

VIII

WHEN THE ASSAULT WAS INTENDED TO THE CITY

Captain, or Colonel, or Knight in arms,
Whose chance on these defenceless doors may seize,
If deed of honour did thee ever please,
Guard them, and him within protect from harms.
He can requite thee; for he knows the charms
That call fame on such gentle acts as these,
And he can spread thy name o're lands and seas,
Whatever clime the sun's bright circle warms.
Lift not thy spear against the Muses bower:
The great Emathian conqueror bid spare
The house of Pindarus, when temple and tower
Went to the ground; and the repeated air
Of sad Electra's poet had the power
To save th' Athenian walls from ruin bare.

VIII

CUANDO HUBO INTENCIÓN DE ASALTAR LA CIUDAD (DE LONDRES)[76]

Capitán, coronel o armado caballero,
al que toque estas puertas indefensas,
si alguna vez te plugo una hazaña honorable,
guárdalas, y del mal protege al que está dentro.

Él puede compensarte, que conoce el hechizo
que convoca la fama a acciones tal como estas,
y extenderá tu nombre por tierras y por mares,
cualquier región que el globo solar cálido alumbre.

No alces lanza contraria al jardín de las musas.
El gran conquistador macedonio[77] la casa
de Píndaro libró, cuando el templo y la torre

cayeron arrasados, y el verso repetido
del vate[78] de la triste Electra pudo
de la ruina total salvar a Atenas.

---

[76] Se menciona un episodio inicial de la guerra civil que tuvo lugar en el mes de octubre de 1642. Las tropas leales a Carlos I se acercaron a la capital, pero final e incomprensiblemente, no se produjo el temido asalto.

[77] Cuenta Plinio en el libro VII de su *Historia natural*, que Alejandro Magno salvó de la destrucción la casa del poeta Píndaro cuando ordenó destruir la ciudad de Tebas.

[78] Plutarco nos transmite la noticia de que, tras tomar Atenas, el general macedonio Lisandro celebró un consejo para debatir la posibilidad de destruir la ciudad. No obstante, al escuchar unos versos de la *Electra* de Eurípides, descartó tal idea.

IX

TO A VIRTUOUS YOUNG LADY

Lady, that in the prime of earliest youth
Wisely hast shunned the broad way and the green,
And with those few art eminently seen
That labour up the hill of heavenly Truth;
The better part with Mary and with Ruth
Chosen thou hast; and they that overween,
And at thy growing virtues fret their spleen,
No anger find in thee, but pity and ruth.
Thy care is fixed, and zealously attends
To fill thy odorous lamp with deeds of light,
And hope that reaps not shame. Therefore be sure
Thou, when the Bridegroom with his feastful friends
Passes to bliss at the mid-hour of night,
Hast gained thy entrance, Virgin wise and pure.

IX

A UNA VIRTUOSA JOVEN SEÑORA[79]

Señora, que en la juventud primera
juiciosa has evitado la verde y ancha vía[80],
y se te ve eminente entre los pocos
que en el monte[81] se esfuerzan de la Verdad celeste;

la parte ya mejor, con Ruth y con María[82],
has elegido; y quienes, arrogantes,
ante tu gran virtud azuzan su malicia,
no hallan en ti la cólera, sino piedad y pena.

Tu diligencia es firme, y con afán atiende
a perfumar tu lámpara[83] con luminosas obras
y esperanza carente de vergüenza. Por ello

tú, en verdad, cuando el Novio con festivos amigos,
traiga su bendición en mitad de la noche,
te habrás ganado entrar[84], sabia virgen y pura.

[79] Se desconoce el nombre de la joven a la que está dedicado este soneto.

[80] Mateo, VII, 13-14.

[81] Alusión a la obra de Hesíodo, *Los trabajos y los días*, versos 287 y ss.

[82] Lucas X, 42 y Ruth I, 14-17.

[83] Los dos tercetos aluden a la parábola de las Vírgenes, Mateo XXV.

[84] Se sobreentiende «al banquete nupcial». Ver nota anterior.

X

TO THE LADY MARGARET LEY

Daughter to that good Earl, once President
Of England's Council and her Treasury,
Who lived in both unstained with gold or fee,
And left them both, more in himself content,
Till the sad breaking of that Parliament
Broke him, as that dishonest victory
At Chaeronea, fatal to liberty,
Killed with report that old man eloquent;
Though later born than to have known the days
Wherein your Father flourished, yet by you,
Madam, methinks I see him living yet:
So well your words his noble virtues praise
That all both judge you to relate them true
And to possess them, honoured Margaret.

X

A LA SEÑORA MARGARET LEY[85]

Hija de ese buen conde, otrora presidente
del Consejo y Tesoro de Inglaterra,
quien sin mancha vivió de oro o de feudo,
y ambos abandonó, feliz consigo mismo,

hasta que el triste cierre de ese otro Parlamento[86]
lo quebró, como aquella deshonesta victoria,
para la libertad fatal, de Queronea[87],
con su nueva mató al viejo elocuente;

aunque nacida tarde para haber conocido
a vuestro padre en flor, en vos, señora,
parece que lo veo aún con vida;

tan bien vuestras palabras sus virtudes elogian,
que todos consideran que relatáis lo cierto
y que las poseéis, digna de aprecio Margaret.

---

[85] Margaret Ley y su marido, un tal capitán Hobson, frecuentaron mucho la casa de Milton, con el que mantuvieron una estrecha amistad. Era hija de James Ley, conde de Marlborough, un juez y político de cierto renombre.

[86] El tercer Parlamento de su reinado fue disuelto por Carlos I en 1629.

[87] Mención a la batalla que tuvo lugar entre el padre de Alejandro Magno, Filipo II de Macedonia, y los beocios en el 338 A.C. El viejo elocuente es Isócrates, célebre orador ateniense.

XI

ON THE DETRACTION WHICH FOLLOWED UPON MY WRITING CERTAIN TREATISES

A book was writ of late called Tetrachordon,
And woven close, both matter, form and style;
The subject new: it walked the town a while,
Numbering good intellects; now seldom pored on.
Cries the stall-reader, "Bless us! what a word on
A title page is this!"; and some in file
Stand spelling false, while one might walk to Mile-
End Green. Why is it harder, sirs, than Gordon,
Colkitto, *or* Macdonnel, *or* Galasp*?*
Those rugged names to our like mouths grow sleek
That would have made Quintilian stare and gasp.

XI

A LAS CRÍTICAS QUE PROVOCÓ LA ESCRITURA DE CIERTOS TRATADOS MÍOS

Hace poco fue escrito un libro, el *Tetrachordon*[88],
bien tejido en materia, forma, estilo.
El tema nuevo. Un tiempo se paseó por Londres
numerando a los doctos; estudiado hoy apenas.

Grita al verlo el lector: «¡Dios Santo!, qué palabra
tan rara para un título»; y unos cuantos en fila
lo deletrean mal, mientras van hacia Mile-End
Green[89]. ¡Ay! ¿es más difícil de pronunciar, señores,

que *Gordon* o *Colkitto*, que *Macdonnel*, *Galasp*[90]?
Esos ásperos nombres se ablandan en las bocas
de tal modo, que hubiera pasmado a Quintiliano[91].

---

[88] Uno de los tratados que Milton escribió en torno al tema del divorcio, que desató fuertes críticas en todas las corrientes religiosas de su tiempo; presbiterianos, puritanos y también los miembros de la Iglesia Anglicana, se sintieron igualmente ofendidos. El título griego hace referencia a cuatro pasajes de las Escrituras que hablan del matrimonio y de su anulación.

[89] Lugar donde acababa uno de los paseos urbanos más frecuentados por los londinenses de la época.

[90] Nombres escoceses, probablemente referidos a una misma persona, Alexander Macdonald el joven, que apuntan a los presbiterianos, siempre enemigos acérrimos de Milton.

[91] El célebre orador romano (40-18 a. C.).

Thy age, like ours, O soul of Sir John Cheek,
Hated not learning worse than toad or asp,
When thou taught'st Cambridge and King Edward Greek.

Tu época, cual la nuestra, alma de sir John Cheek[92],
el aprender no odió más que una avispa o sapo,
cuando a Cambridge y al rey Eduardo dabas griego.

[92] Primer profesor de griego en Cambridge y tutor del rey Eduardo VI. Vivió entre 1514 y 1557. Como Milton, fue partidario de suavizar las leyes eclesiásticas sobre el divorcio.

XII

ON THE SAME

I did but prompt the age to quit their clogs
By the known rules of ancient liberty,
When straight a barbarous noise environs me
Of owls and cuckoos, asses, apes and dogs;
As when those hinds that were transformed to frogs
Railed at Latona's twin-born progeny,
Which after held the sun and moon in fee.
But this is got by casting pearl to hogs,
That bawl for freedom in their senseless mood,
And still revolt when Truth would set them free.
Licence they mean when they cry Liberty;
For who loves that must first be wise and good:
But from that mark how far they rove we see
For all this waste of wealth and loss of blood.

XII

A LO MISMO

Puntual cumplí la edad de quitarme sus trabas
al saber de la antigua Libertad los preceptos[93],
cuando me rodeó al punto un ruido bárbaro
de búhos, cucos, asnos, de monos y de perros;

como cuando esas ciervas transformadas en ranas,
a la doble progenie[94] de Latona insultaron,
que después poseyeron sol y luna.
Esto se logra echando a los cerdos las perlas[95]:

un chillar libertad de un modo sin sentido
y un sublevarse cuando la Verdad hace libres[96].
Si gritan Libertad, libertinaje piden,

pues quien la ama ha de ser bueno y juicioso;
pero cuán lejos andan de aquí, yo bien lo veo,
no obstante la riqueza y la sangre perdidas.

---

[93] Antes de que se instaurara la prohibición del divorcio.

[94] Apolo y Artemis. Historia recogida en las *Metamorfosis* de Ovidio, libro VI, versos 339-381.

[95] Mateo, VII, 6.

[96] Juan, VIII, 32.

XII BIS

ON THE NEW FORCERS OF CONSCIENCE UNDER THE LONG PARLIAMENT

Because you have thrown off your Prelate Lord,
And with stiff vows renounced his Liturgy,
To seize the widowed whore Plurality
From them whose sin ye envied, not abhorred;
Dare ye for this adjure the civil sword
To force our consciences that Christ set free,

XII BIS

A LOS QUE AHORA FUERZAN LAS CONCIENCIAS BAJO EL RÉGIMEN DEL PARLAMENTO LARGO[97]

¿Porque habéis despedido a vuestro gran Prelado[98]
y con rígidos votos renunciado a su culto[99],
por pillar las prebendas, putas viudas,
a quienes[100] envidiasteis y nunca aborrecisteis;

osáis pedir ayuda a las fuerzas civiles
y forzar las conciencias por Cristo liberadas,

[97] Soneto con coda, cuyos modelos italianos se ajustaban a un contenido, como en este caso, normalmente satírico. Al no ser publicado en el volumen de 1673, las ediciones posteriores fluctúan a la hora de decidir dónde colocarlo. Unas lo disponen al final, debido a su rareza respecto al resto del corpus, pero otros lo hacen detrás de los sonetos XI y XII por su estrecha relación temática. Poema antipresbiteriano, escrito por un *Independent*, que aboga por la tolerancia y la libertad de conciencia.

[98] Se refiere a las medidas tomadas por la Cámara de los Comunes para abolir el sistema anglicano sostenido por Carlos I y William Laud.

[99] El uso del *Libro de oración común* fue prohibido en 1645.

[100] Los miembros de la Iglesia Anglicana.

And ride us with a classic hierarchy,
Taught ye by mere A. S. and Rotherford?
Men whose life, learning, faith, and pure intent
Would have been held in high esteem with Paul,
Must now be named and printed heretics
By shallow Edwards and Scotch What-d'ye-call!
But we do hope to find out all your tricks,
Your plots and packing, worse than those of Trent,
That so the Parliament
May with their wholesome and preventive shears
Clip your phylacteries, though baulk your ears,
And succour our just fears,
When they shall read this clearly in your charge:
New "Presbyter" is but old "priest" writ large.

y con la jerarquía *clásica*[101] dominarnos[102],
la que un tal A. S. os enseñó y un Rutheford[103]?

¡Hombres cuyo saber, fe, vida e intención pura,
por Pablo[104] habrían sido tenidos en estima,
han de ser mencionados, marcados como heréticos

por un impronunciable escocés y un hueco Edwards[105]!
Pero descubriremos todos vuestros ardides,
vuestra trama y manejos, peor que tridentinos,

para que el Parlamento,
con sus sanas tijeras preventivas,
corte esas filacterias[106], mas no vuestras orejas,
y de temor nos libre,
cuando con claridad en vuestro cargo lean:
«Es el nuevo presbítero un «priest» solo alargado»[107].

---

[101] El sistema presbiteriano había sustituido las diócesis por provincias, las cuales estaban subdivididas en diversas «clases» o sínodos. Frente a la Iglesia Anglicana, que ofrecía una jerarquización similar a la de la Iglesia Católica, los presbiterianos abogaban por una iglesia estructurada de abajo arriba, a través de asambleas o sínodos de presbíteros (ancianos).

[102] A los *Independents.* Entre 1643 y 1653 tuvo lugar la «Westminster Assambley of Divines», una especie de concilio compuesto por teólogos y miembros del Parlamento, que buscaba alcanzar un acuerdo entre todas las iglesias reformadas, tras la caída del sistema anglicano. Los presbiterianos fueron la facción con más poder.

[103] Dos presbiterianos rigoristas de origen escocés: Adam Steuart y Samuel Rutherford.

[104] Pablo de Tarso.

[105] Thomas Edwards y tal vez Robert Baillie, ambos presbiterianos radicales al parecer de Milton.

[106] Alusión a la pretensión farisaica de superioridad religiosa y moral.

[107] «Priest» es el sacerdote de la Iglesia Anglicana. Lo que Milton formula es que la Iglesia Presbiteriana («priest» y «presbiteriano» derivan de la misma palabra griega) y la anglicana, a la que había venido a sustituir, eran una misma cosa.

XIII

TO MR. H. LAWES ON HIS AIRS

Harry, whose tuneful and well-measured song
First taught our English music how to span
Words with just note and accent, not to scan
With Midas' ears, committing short and long,
Thy worth and skill exempts thee from the throng,
With praise enough for Envy to look wan;
To after age thou shalt be writ the man
That with smooth air couldst humour best our tongue.
Thou honour'st verse, and verse must send her wing
To honour thee, the priest of Phoebus quire,
That tunest their happiest lines in hymn or story.
Dante shall give Fame leave to set thee higher
Than his Casella, whom he wooed to sing
Met in the milder shades of Purgatory.

XIII

AL SEÑOR H. LAWES[108] POR SUS MELODÍAS

Harry, cuyo melódico y bien medido canto
enseñó a nuestra música a emplear las palabras
con un tono y acento precisos, no a medirlas
con oído de Midas[109] juntando corta y larga,

tu mérito y destreza te excluyen de la plebe,
la Envidia palidece ante tu loa.
El futuro dirá que fuiste el que trataste
mejor, con suave toque, nuestra lengua.

Honras la poesía, y esta ha de otorgarte alas
en tu honra, sacerdote que, en el coro de Febo,
los versos armoniza en himnos y leyendas.

Dante dará a la Fama venia para ponerte
más alto que Casella[110], de quien requirió un canto,
cuando en sombras más leves lo halló del Purgatorio.

---

[108] Henry Lawes (1595-1662), músico de renombre que compuso la música de varias canciones comprendidas en la obra de Milton *«Comus»*.

[109] Quien no demostró tener un buen oído cuando dirimió la pugna entre el dios Febo Apolo y Pan, ya que prefirió a este último.

[110] Alusión a un pasaje del segundo canto del «Purgatorio» de la *Divina Comedia* de Dante.

XIV

ON THE RELIGIOUS MEMORY OF MRS CATHERINE THOMSON, MY CHRISTIAN FRIEND, DECEASED DEC. 16, 1646

When Faith and Love, which parted from thee never,
Had ripened thy just soul to dwell with God,
Meekly thou didst resign this earthly load
Of death, called life; which us from life doth sever.
Thy works, and alms, and all thy good endeavor,
Stayed not behind, nor in the grave were trod;
But, as Faith pointed with her golden rod,
Followed thee up to joy and bliss for ever.
Love led them on; and Faith, who knew them best
Thy handmaids, clad them o'er with purple beams
And azure wings, that up they flew so drest,
And spake the truth of thee on glorious themes
Before the Judge; who thenceforth bid thee rest,
And drink thy fill of pure immortal streams.

XIV

EN RELIGIOSO RECUERDO DE LA SRA. CATHERINE THOMSON, MI CRISTIANA AMIGA, MUERTA EL 16 DE DICIEMBRE DE 1646

Cuando la Fe, el Amor, que nunca te dejaban,
tu justa alma colmaron para que en Dios morase,
renunciaste sumisa a esta carga terrena
de muerte, que llamamos vida, y que no es la vida.

Tus obras y limosnas, todo tu buen esfuerzo
no quedaron atrás, pisados en la tumba;
como les indicó la Fe con vara de oro,
siguiéronte a la gloria y bendición eternas.

Las guió el Amor; la Fe, a tus siervas mejores
conociendo, cubrió con purpúreos rayos
y alas de azur, para que así volaran

y tu verdad contasen con palabras gloriosas
ante el Juez, quien por ello te convocó al descanso,
y a saciarte de arroyos inmortales y puros.

XV

TO THE LORD GENERAL FAIRFAX, AT THE SIEGE OF COLCHESTER

Fairfax, whose name in arms through Europe rings,
Filling each mouth with envy or with praise,
And all her jealous monarchs with amaze,
And rumours loud that daunt remotest kings;
Thy firm unshaken virtue ever brings
Victory home, though new rebellions raise
Their Hydra heads, and the false North displays
Her broken league to imp their serpent wings.
O yet a nobler task awaits thy hand
(For what can war but endless war still breed?)
Till truth and right from violence be freed,
And public faith cleared from the shameful brand
Of public fraud. In vain doth Valour bleed,
While Avarice and Rapine share the land.

XV

AL LORD GENERAL FAIRFAX[111], EN EL ASEDIO DE COLCHESTER

Fairfax, tu nombre en armas resuena por Europa,
cada boca llenando de envidia o alabanza,
y todos sus celosos monarcas con asombro
y un rumor que amedranta a más remotos reyes;

tu firme e impasible virtud siempre nos trae
a casa la victoria, aunque nuevas revueltas
alcen cabezas de Hidra, y el falso Norte[112] muestre
rota alianza que alargue sus alas[113] de serpiente.

Oh, tarea más noble a tu mano le espera
(¿qué otra cosa que guerra sin fin la guerra nutre?),
hasta que la verdad y el derecho se libren

del furor, la fe pública del hierro vergonzoso
que empuña el fraude público. El Valor sangra en vano,
que Avaricia y Rapiña comparten el terreno.

---

[111] En Colchester fueron asediadas las tropas realistas por el destinatario del soneto, Thomas, tercer lord de Fairfax (1612-1671), comandante en jefe de las fuerzas del Parlamento, quien poco antes las había vencido en Maidstone.

[112] Se refiere a un tratado de 1643 entre el Parlamento y los escoceses, que estos no respetaron.

[113] Eurípides fue el primero en asignar alas a la Hidra de Lerna.

XVI

TO THE LORD GENERAL CROMWELL, ON THE PROPOSALS OF CERTAIN MINISTERS AT THE COMMETEE FOR PROPAGATION OF THE GOSPEL

Cromwell, our chief of men, who through a cloud
Not of war only, but detractions rude,
Guided by faith and matchless fortitude,
To peace and truth thy glorious way hast ploughed,
And on the neck of crowned Fortune proud
Hast reared God's trophies, and his work pursued,
While Darwen stream, with blood of Scots imbrued,
And Dunbar field, resounds thy praises loud,
And Worcester's laureate wreath: yet much remains
To conquer still; Peace hath her victories

XVI

AL LORD GENERAL CROMWELL[114], ANTE LAS PROPUESTAS DE CIERTOS MINISTROS DE LA COMISIÓN PARA LA PROPAGACIÓN DEL EVANGELIO[115]

Cromwell, nuestro mejor hombre, que entre una nube
no de guerra tan solo, de acusaciones rudas,
por la fe conducido y sin par fortaleza,
tu camino de Paz y Verdad has arado

y puesto sobre el cuello de la altiva Fortuna
los trofeos de Dios, su labor proseguido,
en tanto el río Darwen, que es ya sangre escocesa,
y el campo Dunbar clama tu alabanza,

con el laurel de Worcester[116]. No obstante, mucho queda
por conquistar aún. La Paz tiene victorias

[114] Oliver Cromwell (1599-1658), el célebre militar y político inglés. Figura clave en el derrocamiento de la monarquía, fue nombrado lord Protector en 1653, cargo que desempeñó hasta su muerte.

[115] Fue establecida por el «Rump Parliament».

[116] Victorias de Cromwell sobre realistas y escoceses, en Preston (1648), Dunbar (1650) y Worcester (1651).

No less renowned than War: new foes arise,
Threatening to bind our souls with secular chains.
Help us to save free conscience from the paw
Of hireling wolves, whose gospel is their maw.

no menos que la Guerra. Nuevo enemigo se alza,
que quiere atar nuestra alma con lazos seculares.

Ayuda a que salvemos nuestra libre conciencia
de lobos mercenarios: su Evangelio son fauces[117].

[117] Milton se oponía radicalmente a la idea presbiteriana de una iglesia sostenida por el Estado.

XVII

TO SIR HENRY VANE THE YOUNGER

Vane, young in years, but in sage counsel old,
Than whom a better senator ne'er held
The helm of Rome, when gowns, not arms repelled
The fierce Epirot and the African bold;
Whether to settle peace, or to unfold
The drift of hollow states hard to be spelled;
Then to advise how war may best, upheld,
Move by her two main nerves, iron and gold,
In all her equipage; besides, to know
Both spiritual power and civil, what each means,
What severs each, thou hast learned, which few have done.
The bounds of either sword to thee we owe:
Therefore on thy firm hand Religion leans
In peace, and reckons thee her eldest son.

XVII

AL SEÑOR HENRY VANE[118] EL JOVEN

Vane, joven por edad, mas cano en los consejos,
nunca mejor que tú un senador sostuvo
a Roma, cuando togas, que no armas, rechazaron
al feroz epirota y al africano intrépido[119].

Si la paz implantar o mostrar la deriva,
ardua de comprender, de Estados hueros;
luego indicar el modo en que muevan la guerra
sus nervios principales, hierro y oro,

con todo su aparato; qué sean, asimismo,
civil y espiritual poder, qué significan,
qué cortan, aprendiste, lo que han hecho unos pocos.

Las lindes de las dos espadas te debemos:
así, en tu firme mano la Religión se apoya
en paz, y a ti te estima el mayor de sus hijos.

---

[118] Nacido en 1612 y jefe de los *Independents*, grupo al que pertenecía el poeta, fue ejecutado en 1662 durante la Restauración.

[119] Pirro, rey del Épiro, y Aníbal, ambos enconados enemigos del Estado romano. Para vencerlos fue necesario algo más que el empleo de las armas.

XVIII

ON THE LATE MASSACRE IN PIEMONT

Avenge, O Lord, thy slaughtered saints, whose bones
Lie scattered on the Alpine mountains cold;
Even them who kept thy truth so pure of old,
When all our fathers worshipped stocks and stones,
Forget not: in thy book record their groans
Who were thy sheep, and in their ancient fold
Slain by the bloody Piemontese, that rolled
Mother with infant down the rocks. Their moans
The vales redoubled to the hills, and they
To heaven. Their martyred blood and ashes sow
O'er all th' Italian fields, where still doth sway
The triple Tyrant; that from these may grow
A hundredfold, who, having learnt thy way,
Early may fly the Babylonian woe.

XVIII

A LA RECIENTE MASACRE EN EL PIAMONTE[120]

Venga, oh Dios, a tus santos sacrificados, cuyos
huesos yacen dispersos sobre los fríos Alpes;
a quienes mantuvieron tu verdad pura antaño,
que entonces nuestros padres las piedras veneraban[121],

no olvides; en tu libro registra sus gemidos,
que fueron tus corderos, y, en su redil antiguo,
mataron piamonteses sangrientos, que arrojaron
una madre con su hijo de una roca. Sus quejas

los valles comunican a las colinas, y estas
al cielo. Del martirio, sangre y ceniza siembran
las tierras italianas, donde el triple tirano[122]

gobierna todavía; que allí crezcan cien veces
más, que, habiendo aprendido tu camino,
lo más pronto rehúyan el mal de Babilonia[123].

---

[120] Los valdenses fueron, en sus inicios, un movimiento ascético que se originó en torno a Lyon en el siglo XII. En el XVII la mayor parte de sus seguidores habitaban el Piamonte, sujeto a la autoridad del duque de Saboya. En 1655 fue publicado un edicto que les conminaba a unirse a la Iglesia Católica o a abandonar su tierra. Ante la negativa de estos, tuvo lugar un ataque por parte del duque que terminó en masacre.

[121] Alusión a los cultos anteriores a la Reforma en Inglaterra.

[122] El Papa, cuya tiara aparece ceñida por tres coronas.

[123] La Iglesia romana.

XIX

ON HIS BLINDNESS

When I consider how my light is spent
Ere half my days in this dark world and wide,
And that one talent which is death to hide
Lodged with me useless, though my soul more bent
To serve therewith my Maker, and present
My true account, lest He returning chide;
"Doth God exact day-labour, light denied?"
I fondly ask. But patience, to prevent
That murmur, soon replies "God doth not need
Either man's work or his own gifts. Who best
Bear his mild yoke, they serve him best. His state
Is kingly: thousands at his bidding speed,
And post o'er land and ocean without rest;
They also serve who only stand and wait."

XIX

A SU CEGUERA

Si considero cómo mi luz se ha consumido,
aun sin mediar mi vida[124], en este mundo oscuro
y que un talento[125], que enterrado es muerte,
mora conmigo inútil, aunque mi alma procura

servir más al Señor con él y presentarle
mi cuenta sin engaños para que no me riña;
«¿Exige Dios, sin luz, un trabajo diurno?»,
loco pregunto. Pero la Paciencia previendo

ese murmurar, «Dios no necesita», dice,
«ni el trabajo del hombre ni sus dones. Quien lleva
mejor su blando yugo, mejor le sirve. Regia

es su condición; miles a su orden se apresuran
y marchan sobre tierras y mares sin descanso;
también le sirven quienes están en pie y esperan».

---

124 Milton tenía cuarenta y cuatro años cuando se quedó ciego. Sin duda, se trata de uno de los sonetos más admirados.

125 Parábola de los talentos. Mateo XXV, 14-30.

XX

TO MR LAWRENCE

Lawrence, of virtuous father virtuous son,
Now that the fields are dank, and ways are mire,
Where shall we sometimes meet, and by the fire
Help waste a sullen day, what may be won
From the hard season gaining? Time will run
On smoother, till Favonius reinspire
The frozen earth, and clothe in fresh attire
The lily and rose, that neither sowed nor spun.
What neat repast shall feast us, light and choice,
Of Attic taste, with wine, whence we may rise
To hear the lute well touched, or artful voice
Warble immortal notes and Tuscan air?
He who of those delights can judge, and spare
To interpose them oft, is not unwise.

XX

AL SEÑOR LAWRENCE[126]

Lawrence, de virtuoso padre virtuoso hijo,
hoy con húmedos campos y sendas embarradas,
¿dónde nos juntaremos y, junto a una lumbre
pasando el triste día, qué ganancia obtendremos

de la dura estación? Ha de correr el tiempo
moroso, hasta que vuelva a resoplar Favonio[127]
sobre la tierra helada y con rico ropaje
vista al lirio y la rosa, aunque no hilan ni siembran[128].

¿Qué comida tendremos, ligera y escogida,
de ático gusto, y vino, de la que nos alcemos
para oír un laúd bien tañido o voz diestra

que trine eternas notas y una canción toscana?
Aquel que aprecia tales delicias, y procura
no darse mucho a ellas, no es ese un imprudente.

---

[126] El amigo al que está destinado el soneto, era hijo del estadista puritano Henry Lawrence (1600-1664), pariente de Cromwell y presidente del Consejo de Estado entre 1653 y 1659. Si está dirigido a su hijo mayor, este murió poco después de escrito el poema, cuyo tono es marcadamente horaciano.

[127] Viento del sureste estrechamente ligado con la primavera.

[128] Mateo, VI, 28.

XXI

TO CYRIACK SKINNER

Cyriack, whose grandsire on the royal bench
Of British Themis, with no mean applause,
Pronounced, and in his volumes taught, our laws
Which others at their bar so often wrench;
To-day deep thoughts resolve with me to drench
In mirth that after no repenting draws;
Let Euclid rest and Archimedes pause,
And what the Swede intend, and what the French.
To measure life learn thou betimes, and know
Toward solid good what leads the nearest way;
For other things mild Heaven a time ordains,
And disapproves that care, though wise in show,
That with superfluous burden loads the day,
And, when God sends a cheerful hour, refrains.

XXI

A CYRIACK SKINNER[129]

Cyriack, tú cuyo abuelo[130] en la tribuna regia
de la Temis británica, con un no escaso aplauso,
promulgó, y en sus libros enseñó nuestras leyes,
que otros en sus juzgados retuercen a menudo;

los hondos pensamientos disuelve ahora conmigo
sumiéndote en un gozo sin arrepentimiento;
tenga descanso Euclides, pausa Arquímedes,
y aquello que procuran los suecos o franceses[131].

Aprende tú a medir la vida ya, y conoce
la senda que más próxima a un firme bien conduce.
Benigno el Cielo ordena distintos quehaceres

y censura un cuidado, aun sabio en apariencia,
que con carga superflua grava el día
y, cuando Dios envía alegre hora, refrena.

---

[129] Cyriack Skinner fue un jurista señalado y uno de los discípulos predilectos de Milton, con el que mantuvo una estrecha relación.

[130] Sir Edward Coke (1552-1634).

[131] Reminiscencia horaciana. *Odas*, libro II, 11, 1-4.

XXII

TO THE SAME UPON HIS BLINDNESS

Cyriack, this three years day these eyes, though clear,
To outward view, of blemish or of spot,
Bereft of light, their seeing have forgot;
Nor to their idle orbs doth sight appear
Of sun, or moon, or star, throughout the year,
Or man, or woman. Yet I argue not
Against Heavn's hand or will, nor bate a jot
Of heart or hope, but still bear up and steer
Right onward. What supports me, dost thou ask?
The conscience, friend, to have lost them overplied
In Liberty's defence, my noble task,
Of which all Europe talks from side to side.
This thought might lead me through the world's vain mask
Content, though blind, had I no better guide.

XXII

AL MISMO RESPECTO A SU CEGUERA

Cyriack, hace tres años que estos ojos, carentes
a una mirada externa de defecto o de mancha,
privados de la luz, de ver se han olvidado;
en sus ociosas órbitas la visión no aparece

de sol, luna o estrella mientras un año pasa,
u hombre o mujer. Mas en cuestión no pongo
la voluntad, la mano del Cielo, ni decae
mi esperanza ni mi ánimo, pues que el timón dirijo

bien firme hacia adelante. ¿Qué me ayuda, preguntas?
Amigo, la consciencia de haberlos desgastado
para la Libertad[132], mi noble cometido,

de lo que toda Europa de un extremo a otro habla.
Podría esto llevarme por entre el vano mundo
aunque ciego, contento, no habiendo mejor guía.

---

[132] Alusión a su obra *Pro Populo Anglicano Defensio*, 1651.

XXIII

ON HIS DECEASED WIFE

Methought I saw my late espoused saint
Brought to me like Alcestis from the grave,
Who Jove's great son to her glad husband gave,
Rescued from Death by force, though pale and faint.
Mine, as whom washed from spot of child-bed taint
Purification in the Old Law did save,
And such as yet once more I trust to have
Full sight of her in Heaven without restraint,
Came vested all in white, pure as her mind.
Her face was veiled; yet to my fancied sight
Love, sweetness, goodness, in her person shined
So clear as in no face with more delight.
But, O! as to embrace me she inclined,
I waked, she fled, and day brought back my night.

XXIII

A SU ESPOSA FALLECIDA[133]

Me pareció haber visto a mi ya santa esposa
traída como Alcestis[134] de la tumba,
que dio el hijo de Jove a su alegre marido
arrancada a la muerte, aunque pálida y débil.

La mía, cual si hubiera sido purificada
de la mancha del parto según la ley antigua[135],
y cual aún confío tener otra vez de ella
una visión completa sin límite en el cielo,

vino de blanco, pura cual su mente.
Su faz cubría un velo; mas, en mi fantasía,
amor, bondad, dulzura, en su aspecto brillaban

tan claros, que otra faz no muestra más deleite.
Mas cuando, oh, se inclinó para abrazarme,
desperté, ella voló, y trajo noche el día[136].

---

[133] El poema está dedicado a su segunda esposa, Catherine Woodcock, con la que se casó estando ya ciego (elemento esencial para la comprensión del poema), y que murió de parto en 1558. Otro de los grandes sonetos de Milton.

[134] Alcestis, esposa del rey tesalio Admeto, murió en lugar de este, pero fue rescatada del Hades por Hércules, «el hijo de Jove». El mito es tratado en la tragedia homónima de Eurípides.

[135] Se refiere al *Antiguo Testamento*. En particular a *Levítico* 12.

[136] Alusión a la ceguera del poeta.

APPENDIX
THE PASSIONATE SHEPHERD TO HIS LOVE
BY CHRISTOPHER MARLOWE

Come live with me and be my love,
And we will all the pleasures prove,
That valleys, groves, hills, and fields,
Woods, or steepy mountain yields.

And we will sit upon the rocks,
Seeing the shepherds feed their flocks,
By shallow rivers to whose falls
Melodious birds sing madrigals.

And I will make thee beds of roses
And a thousand fragrant posies,
A cap of flowers, and a kirtle
Embroidered all with leaves of myrtle;

A gown made of the finest wool
Which from our pretty lambs we pull;
Fair lined slippers for the cold,
With buckles of the purest gold;

A belt of straw and ivy buds,
With coral clasps and amber studs:

APÉNDICE
EL PASTOR APASIONADO A SU AMADA
DE CHRISTOPHER MARLOWE

Ven a vivir conmigo y sé mi amada,
y gustaremos todos los placeres
que valles, arboledas, y campos y colinas,
bosques o abrupto monte proporcionan.

Los dos nos sentaremos sobre rocas
mirando a los pastores nutrir a su ganado,
junto a ríos poco hondos a cuyos saltos de agua
pájaros melodiosos entonan madrigales.

Te haré un lecho de rosas
y de mil olorosos ramilletes,
una gorra de flores y una falda
toda bordada con hojas de mirto;

un vestido también de fina lana
de bonitos corderos extraída;
zapatillas forradas para el frío
con hebillas del oro que es más puro;

un cinturón de paja y capullos de yedra,
con broches de coral y clavos de ámbar;

And if these pleasures may thee move,
Come live with me, and be my love.

The shepherds' swains shall dance and sing
For thy delight each may-morning:
If these delights thy mind may move,
Then live with me, and be my love.

si estos placeres pueden inducirte,
ven a vivir conmigo y sé mi amada.

Bailarán, cantarán los porquerizos
buscando tu deleite las mañanas de mayo.
Si estos deleites pueden persuadirte,
vive entonces conmigo y sé mi amada.

ÍNDICE

Prólogo 7

POESÍA LÍRICA

On the Morning of Christ's Nativity 20
A la mañana del nacimiento de Cristo 21
On Shakespeare 40
A Shakespeare 41
On the University Carrier, who Sickened in the Time of his Vacancy, Being Forbid to Go to London by Reason of the Plague 42
Al transportista de la universidad, quien se puso enfermo al quedarse sin trabajo, debido a la prohibición de viajar a Londres en tiempos de la peste 43
L'Allegro 44
L' allegro 45
Il Penseroso 56
Il penseroso 57
On Time 70
Al tiempo 71
Song on May Morning 72
Canción a la mañana de mayo 73
Lycidas 74
Lícidas 75

SONNETS / SONETOS

I. *To the Nightingale* 94
I. Al ruiseñor 95
II. *On his Being Arrived to the Age of Twenty-Three* ... 96
II. Al llegar a la edad de veintitrés años 97
III. *Donna leggiadra, il cui bel nome onora* 98
III. Hermosa dama, cuyo nombre ensalza 99
IV. *Qual in colle aspro, al imbrunir di sera* 100
IV. Cual en dura colina, si oscurece 101
Canzone 102
Canción 103
V. *Diodati (e te 'l dirò con maraviglia)* 104
V. Diodati (lo diré con maravilla) 105
VI. *Per certo i bei vostr'occhi, Donna mia* 106
VI. En verdad vuestros ojos, mi señora 107
VII. *Giovane, piano, e semplicetto amante* 108
VII. Joven, sencillo e inexperto amante 109
VIII. *When the Assault Was Intended to the City* 110
VIII. Cuando hubo intención de asaltar la ciudad .. 111
IX. *To a Virtuous Young Lady* 112
IX. A una virtuosa joven señora 113
X. *To the Lady Margaret Ley* 114
X. A la señora Margaret Ley 115
XI. *On the Detraction Which Followed Upon my Writing Certain Treatises* 116
XI. A las críticas que provocó la escritura de ciertos tratados míos 117
XII. *On the Same* 120
XII. A lo mismo 121

XII Bis. On the New Forcers of Conscience Under the Long Parliament 122
XII Bis. A los que ahora fuerzan las conciencias bajo el régimen del Parlamento Largo 123
XIII. To Mr. H. Lawes on his Airs 126
XIII. Al señor H. Lawes por sus melodías 127
XIV. On the Religious Memory of Mrs Catherine Thomson, my Christian Friend, Deceased Dec. 16, 1646 128
XIV. En religioso recuerdo de la Sra. Catherine Thomson, mi cristiana amiga, muerta el 16 de diciembre de 1646 129
XV. To the Lord General Fairfax, at the Siege Of Colchester 130
XV. Al lord general Fairfax, en el asedio de Colchester 131
XVI. To the Lord General Cromwell, on the Proposals of Certain Ministers at the Commetee for Propagation of the Gospel 132
XVI. Al lord general Cromwell, ante las propuestas de ciertos ministros de la comisión para la propagación del evangelio 133
XVII. To Sir Henry Vane the Younger 136
XVII. Al señor Henry Vane el joven 137
XVIII. On the Late Massacre in Piemont 138
XVIII. A la reciente masacre en el Piamonte 139
XIX. On his Blindness 140
XIX. A su ceguera 141
XX. To Mr Lawrence 142
XX. Al señor Lawrence 143
XXI. To Cyriack Skinner 144

XXI. A Cyriack Skinner 145
XXII. To the Same Upon his Blindness 146
XXII. Al mismo respecto a su ceguera 147
XXIII. On his Deceased Wife 148
XXIII. A su esposa fallecida 149
Appendix. "The Passionate Shepherd to his Love" by Christopher Marlowe 150
Apéndice: «El pastor apasionado a su amada» de Christopher Marlowe 151

Esta primera edición de *Poesía lírica*
se acabó de imprimir el 12 de enero
de 2026, décimo octavo
aniversario del fallecimiento
de Ángel González
en Madrid.